牧会の理論と実践における聖書の役割

ヘルムート・タケとの対話を通して

家山 華子

かんよう出版

推薦のことば

中道　基夫

ある牧師をしている卒業生から、「神学部在学中にもっとカウンセリングを学んでおけば良かったと思います。神学部でももっとカウンセリングの授業を取り入れたらいいんじゃないですか」と言われたことがあります。この言葉に対して、「でも、あなたは神学部で牧会や聖書について学んだのではないですか。あなたはカウンセラーではなく、牧会者じゃないのですか」と問いかけました。この牧師の気持ちもよく分かりますし、実際の牧会の経験を通して語られた正直な気持ちだったんだろうと思います。私自身も牧会の助けになると思い、カウンセリングの本を読んだことを覚えています。

様々な宣教の現場では、悩みを抱えている人、問題に直面している人、何かに閉じ込められて身動きができない人の話を聞くことが多いです。そのような話を聞いて、牧師は、いったいその人たちに何ができるのか、何をすればその人たちが解放され、救われるのかということを考えます。即効性のある方法などはありませんが、何かしら自分なりのアプローチの手段を持ちたいと願います。もちろん、キリスト教には福音がある。それを知る手段として聖書があり、説教があり、礼拝があり、祈りがあり、牧会があります。そして、教会にはこれらを通して牧会してきた二〇〇〇年にも及ぶ歴史と実績があります。ところが、現在、聖書や牧会に対する信頼、期待が弱まってきているのではないかと感じることがあります。「祈りましょう、聖書を読みましょう」という言葉も力を失っています。それよりも心理学とか、カウンセリングの知見の方が重んじられ、臨床心理士や医者、弁護士の方が役に立つと思われます。

牧師とは何なのか、それほど聖書が重視されないのであれば教会とかキリスト教とは何をするところなのかが分からなくなってしまいます。かといって、心理学、医学、法律が万能かというとそういうわけではありません。

家山華子さんは、この問いを持って神学を学び始められました。家山さん自身が、カウンセリングの経験を持っておられ、その限界も感じておられました。現在の神学や牧会に不満や限界を感じつつも、なんとか神学に希望を見出したいと願い、神学部に入学されました。そんな時に家山さんが出会ったのが、本書でも取り上げられているドイツの実践神学者のヘルムート・タケです。タケは、トゥルンアイゼンやボーレンのように日本でよく知られた神学者ではありません。また、タケ自身も体系化された牧会学の本を執筆したわけではありません。クリスチャン・メラーが編集した『魂の配慮への歴史』のシリーズが日本語に翻訳されて、タケの名が日本人にも目に触れるようになりました。このタケが、カウンセリングや精神医学と牧会との間を揺れ動きながら著したのが“Mit den Müden zur rechten Zeit zu reden: Beiträge zu einer bibelorientierten Seelsorge”(『疲れた人に適切なタイミングで語りかける:聖書に方向づけられた牧会への貢献』)でした。この本のタイトルが示すように、牧会における聖書の復権にチャレンジしています。タケは、トゥルンアイゼンの神学を批判的に継承しつつ、ロジャーズのクライエント中心療法に基づいたカウンセリングとも対話して、聖書に基づいた牧会のあり方を探ろうとしています。

家山さんはタケに学びながらも、もう一歩先に進めようと思い、彼の弟子でタケの神学を批判的に継承しているブコウスキーをドイツに訪ねてインタビューを行いました。そして、ご自身の牧会経験を通じて批判的に対話しようとしています。さらに、牧会における対話に着目して、ナラティヴ・アプローチという新しい視点を取り入れています。聖書と牧会をもう一度見直そうとする本研究には独自性があり、牧会学の議論を新たに開くとともに、今後の教会や牧師のあり方に刺激を与えるものです。しかし、本書は単に理念に留まるのではなく、また何か特定の牧会の手段を提示するものではありません。この本に触発されてそれぞれの牧会の現場で、その牧会の対話の中で、いかに聖書を用いていくかという実践へと私たちをいざなってくれるものです。この本を読まれる方々が、聖書にこだわり、牧会の力と役割に踏みとどまっていく勇気と力を得てくださることを願っています。

(関西学院院長・関西学院大学神学部教授)

凡例

一、本文中で引用する聖書箇所は、原則として『聖書　聖書協会共同訳』（日本聖書協会　二〇一八年版）を使用した。ただし、創世記二五章八節、出エジプト記三章一二節、一四節については、『聖書　新共同訳』（日本聖書協会　二〇〇五年版）を用いた。

二、欧文人名の日本語表記は、原則として一般的に用いられている表記に準じているが、一部、表音表記を優先にしたものもある（Eduard Thurneysen は、訳によって表記が分かれるが、本書では「エードゥアルト・トゥルンアイゼンで統一した）。原則として、本文に初出の際、原文表記を記した。

三、欧文のキーワードの日本語表記に関しては、特に著者が訳したものは、初出の際に原文を表記している。

四、内容に関係して必要と思われる人物についてのみ生没年を記した。

目次

目次

目次

目次

牧会の理論と実践における聖書の役割——ヘルムート・タケとの対話を通して

序論

第一節　問題の所在

牧会学[1]は、牧師または信徒[2]が行う魂の配慮について考察する、実践神学の一分野である。二〇世紀以降、心理カウンセリングやコミュニケーション理論などが発展すると、牧会学において、それらをどのように受け止め、用いることが可能かという議論がなされてきた。人々の抱える問題が複雑化する現代において、臨床心理学などの他領域において発展し続けている理論や技術は、目の前の人にどのようにアプローチしたらよいか、その方法論を具体的に提供してくれる。

著者は以前、あるキリスト教カウンセリングの講座を受講したことがあるが、そこでは、カウンセリングを用いた方法論の説明がなされた後、最後に祈りについて語られた。牧会にとって、祈りは重要な要素である。しかしその時、牧会に独自の内容とは、カウンセリングの方法論の説明の最後につけ足される「祈り」だけのことなのだろうか、という疑問が残った。

「牧会とは何か」という問いは、牧会学において、既に議論の積み重ねがなされている。特に、心理学との対話において、牧会学の独自性についての議論が活発になされ、理論が構築されてきた。それらの議論は、今日の状況においてなされる、「牧会とは何か」という問いに対しても、有益な示唆を与えてくれるものである。

近年アメリカにおいては、多様な宗教的背景をもつ人々への配慮から、それまで用いられてきた「パストラル（牧会）」というキリスト教に特有の言葉を「スピリチュアル」[3]に変更するか、[4]「スピリチュアリティ」と併記して述べる方向にシフトしている。[5]また、日本においても、近年病院のチャプレンや福祉の現場におけるケアの働きや、災害の被災地におけるケアの働きなどにおいて、多様な宗教的背景をもつ人々のケアに配慮した「スピリチュアルケア」[6]の理論と実践が注目されている。[7]グローバル化や戦争・紛争などによる避難によって、国や文化を超えて人々が共存する動きが活発化する今日、多様な文化的・宗教的背景をもつ人々に対して、特に宗教性を前面に出さないケアの在り方が問われ続けている。[8]一方、このプロセスの中で、もし「牧会（パストラル）」という概念の意味が問われなくなるとすれば、多様化のプロセスにおいて、「牧会（パストラル）」の概念が形骸化することも懸念される。自らがどこに立って牧会の実践を行うのかを認識しつつ、多様な背景をもつ人々に対するケアを行うには、「スピリチュアルケア」の豊かさを追い求めると同時に、「牧会（パストラル）」の概念の意味がこれからも問われ続ける必要がある。

日本の牧会学は、これまで主にアメリカやドイツ語圏の牧会学の理論を紹介し、そこから学びを得ることによって実践がなされてきた。日本の文脈において、牧会とは何かという問いに取り組んでいる先行研究としては、講座現代キリスト教カウンセリング第一巻『キリスト教カウンセリングとは何か』[9]が挙げられる。[10]この中に、何人かの著者による「牧会とは何か」という問いに関わる議論は散見されるが、「キリスト教カウンセリング」という枠組みでの議論であり、牧会の独自性についての系統だった論述とは言えない。また、そこからさらに二〇年弱が経っており、牧会の置かれている状況も変化している。したがって、今日の日本の文脈から、「牧会とは何か」を問う研究が必要とされる。

本書の目的は、牧会とは何かという問いに関する、主にアメリカおよびドイツ語圏のこれまでの議論の変遷を、理論と実践の相克という視点から整理、分析し、そこから、牧会の独自性において鍵となる要素を掘り起こす。その上で、牧会的対話のプロセス全体を支える、牧会の基礎づけを行うことを目的とする。

第二節　研究史的状況

さて、牧会とは何かという問いに関するこれまでの議論の変遷を整理、分析し、そこから、牧会の独自性において鍵となる要素を掘り起こし、牧会的対話のプロセス全体を支える牧会の基礎づけを行っている、まとまった先行研究は見られない。そこで、牧会とは何かという問いについての先行研究を、本書の関心である、臨床心理学との対話という視点に関連づけながら紹介したい。

一九世紀後半に、学問としての心理学が生じ[11]、フロイトの精神分析[12]やユング心理学[13]が確立し、広く知れ渡るようになると、牧会学の領域においても、それらの自然科学を意識し、あるいは心理学と対話しながら、牧会とは何かという問いをめぐって議論されるようになった。それらは、自然主義神学[14]と明確に線を引くという動機づけのもとで議論が展開されていった。

ハンス・アスムッセン(Hans Asmussen 1898―1968)は、ドイツルター派の牧師であり、カール・バルト(Karl Barth)らと共に「バルメン宣言」の起草にもたずさわった告白教会の指導者の一人である。[15] アスムッセンは、一九三四年に出版された著書の中で、牧会について定義している。それによると、牧会とは「神の言を個々に告知すること」[16]すなわち、説教において語られる神の言を、個々の人々に告知することである。これによって、「説教において支配的である告知者と聴き手との間の距離を縮める」[17]ことが目指される。また、アスムッセンは、牧会における神の言を、上から下に、人々の頭上に向かって語られる言葉として理解している。[18] アスムッセンの定義において、牧会は神の言の説教の理論の延長線上で語られ、牧会と説教は切っても切れない関係にある。神の言の神学を基盤にして、牧会を実践の中に位置づけた先駆者として、アスムッセンの貢献は評価すべきである。

アスムッセンの牧会の定義は、相手のニーズを聴くことを重視する、心理学的対話とは明確に区別された、牧会者主導の牧会であった。そして、牧会は「牧会者に由来する」[19]ものであると理解される。なぜなら、神の主権を強調し、神の言を告知する牧師の権威が強調されるがゆえに、牧会者が明確な目的をもって信徒の「魂を導くこと（Seelenführung）」が主張されている。このアスムッセンの牧会の定義においては、神の主権が強調されるあまり、対話の相手の言葉が無視される可能性を指摘せざるを得ない。また、この定義においては、心理学とは明確に区別された牧会の独自性を強調しており、心理学との対話的側面は見られない。

同じ時期に、心理学との対話を行いながら牧会を基礎づけたのが、スイスの改革派牧師であったエードゥアルト・トゥルンアイゼン（Eduard Thurneysen, 1888―1974）である。一九四八年に出版された『牧会学』[20]は、二〇世紀以降に発展した諸学問や近代的思考と対話しながら、牧会について基礎づけ、後の議論に大きな影響を与えた。トゥルンアイゼンは、カール・バルトらと共に弁証法神学を提唱、発展させることに貢献した。彼にとって牧会とは、「神の言を、個人に伝達する」[21]ことであり、教会で行われる説教の特別な形[22]であった。トゥルンアイゼンの議論には、牧会は教会の事柄であるという前提がある。教会で語られる神の言、すなわち説教が、対話の中で個人に語られることが牧会の目的とされる。トゥルンアイゼンの牧会学において評価されるべきことは、神の言のもとで行われる牧会を、詳細に基礎づけたことである。

トゥルンアイゼンは、牧会において、聴くことの大切さを強調した。「われわれは、牧会の対話においては、ほかのいずれの場合よりも、聞き手であろうと備えていなければならない。忍耐強く、緊張して、注意深く、めざめた、理解ある聞き手であり、ほかの何ものでもないように備えてなければならないのである」[23]と述べて、語るよりもまず先に、聞き手であることの重要性を強調する。この時、聴くという行為は、トゥルンアイゼンにとって、神の言に聞くことと、人間に聞くということの二重の意味をもつ。[24]

その前提には、神の言と人間の言葉が、決定的に異なるものであるという主張がある。神の言の神学に立つトゥルンアイゼンにとって、このことは特に重要であった。トゥルンアイゼンはこのことを、対話における「断絶線（die Bruchline）[25]」という言葉で表現している。断絶線によって対話は牧会的となり、[26]人々を解放へと導く[27]と考えられる。まさに、トゥルンアイゼンの牧会において、鍵となる概念である。しかし、この概念はしばしば誤解を生み、批判の対象とされてきた。断絶は、心理学や社会学など一般的な学問を排除する線であると理解されてきたのである。トゥルンアイゼンの牧会概念については、後の章で詳しく見ていくこととする。

もう一人、この時期に牧会について基礎づけを行っているのは、ディートリヒ・ボンヘッファー（Dietrich Bonhoeffer, 1906 ― 1945）である。ボンヘッファーは、ドイツにおけるルター派の牧師であり、ナチスに対する抵抗運動を果敢に行った人物として知られる。そのボンヘッファーが一九三五～一九三九年の間、自身が所長を務めていたフィンケンヴァルデ牧師補研修所において行った、牧会についての講義録が残されている。[28]そこでボンヘッファーは、アスムッセンの「魂を導くこと（Seeleführung）」としての牧会を批判している。アスムッセンの主張する魂の指導が、牧会者の権威によってなされるのに対して、「神おひとりだけが人の魂を配慮したもう[29]」のであると述べ、神が牧会の主体であると主張する。「牧会は、上から下に向かって、神から人間に向かってなされる」[30]行為であり、決定的な意味で牧会者は慰め、助けることはできない[31]と、ボンヘッファーは、牧会者のもつ限界を指摘すると共に、牧会における神の主権を強調する。

その上で、ボンヘッファーは牧会を、神から委託された奉仕的なわざ（diakonische Seelsorge）であると言う。[32]牧会者は、「ひとりの人間がもはや福音を聞きえないという、み言葉の宣教が直面する特別に困難な問題状況[33]」があることに注目して、語る人の言葉に聴き、福音を聴くことができず心をかたくなにしている人間の現実を表面に出し、「いつも新しく福音を聞く人間を生み出すこと[34]」を目的とする。ボンヘッファーは牧会者の立ち位置を、神との関係で低いところに位置づけた点では、トゥルンアイゼンと異なる。しかし、「牧会とは、説教のつとめをさらに徹底させて、個々人にまでみ言葉を届かせることである[35]」と、説教の延長線上に牧会が位置づけられるという根本的な枠組みは、これまでの二人の神学者と共通している。ミヒャエル・クレスマン（Michael Klessmann）は、ボンヘッファーの牧会理解は、依然として宣教的牧会の枠組みを保持し、限定されたものになっていると指摘する。[36]また、ボンヘッファーは、心理学者から牧会者が学びうることは、「観察すること、評価すること、分析することだけである[37]」とし、極めて限定的に位置づけている。

第二次世界大戦が起こり、傷ついた兵士やその家族が抱える問題への対処が求められる中、アメリカにおいて、牧会と心理学との対話における大きな転換が生じた。アメリカの心理学者カール・ロジャーズ[38]によって、クライエント中心療法（Client-Centered Therapy）が提唱され、大きな影響を与えるようになると、牧会学においてもこの方法に関する議論が盛んになっていったのである。

アメリカの長老派の牧師であり、プリンストン大学神学部で牧会心理学の教授をつとめた牧会神学者セワード・ヒルトナー（Seward Hiltner, 1909 — 1984）は、その著書 "Religion and Health"（1943）[39] において、メンタルヘルスにおける宗教の役割を明確にした。さらに彼は、『牧会カウンセリング』[40]（一九四九）において、ロジャーズのクライエント中心療法の方法と対話しながら、神学的視点を明確にする姿勢を明らかにした。牧会神学の研究者や教会の牧師が、クライエント中心療法を理解し、それに従うことに邁進する中[41]、ヒルトナーは、牧会を神学的に基礎づけることに力を尽くした。

特に『牧会の神学』[42]（一九五八）の中で、ヒルトナーは牧会を「シェパーディング（Shepherding: 牧養・牧会者配慮）」という概念を用いて説明している。[43] 彼は、この聖書における羊飼いのモチーフを「視座」という語で説明する。視座とは、「見たり、感じたり、助けたりしている主体が、ある特定の見解を持っていること」[44]、また「対象あるいは他者との関係を意味している」[45]。ヒルトナーは、牧会をシェパーディングによって一貫して説明することによって、実践神学の学問の一つとしての牧会学の枠組みや、牧師という職務の枠組みに縛られることなく、包括的に牧会を基礎づけることに成功している。

しかし、ヒルトナーの時代のアメリカは、多くの人々が教会に属している状況にあり、彼はその中で、牧会神学のもつ役割について論じている。[46]その点では、今日のような、多様な価値観が共存する世界を前提にした議論と、共通の土台に立って対話をするには、限界があると言わざるを得ない。

　同じアメリカにおけるもう一つの先行研究として、バプテスト派の牧師であり、牧会神学者であるウエイン・E・オーツ（Wayne E. Oates, 1917—1999）が挙げられる。オーツは、南バプテスト神学校で牧会神学を教え、ルイシュヴィル大学医学部で精神障害と行動科学の教授を務めた。彼の著書『現代牧師論—牧会心理学序説』においてオーツは、「牧師論」の側面から、牧会の独自性にかかわる議論を展開する。「牧師は父なる神を代表し、イエス・キリストを指し示すものであり、そして聖霊の器[47]」であると。父・子・聖霊の神を象徴する存在であることは、牧師自身が「神にとって代わってしまう[48]」ことを意味しない。むしろ、父・子・聖霊の神を通して与えられる赦しの愛を、牧師自らが経験している福音の証人であることを意味する。[49]

　また、この働きは、教会の中の人々に限らず、「外にいる人々に対して〝羊飼い〟としての責任を負わされている[50]」と、教会の外にいる人々に対する牧師の役割についても、牧師の働きの範囲を拡大している。さらに、牧会について、オーツは「神学的準拠枠」という概念を用いて説明している。牧会においては、「神の主権、そして言が肉体となったという受肉の原理、日常生活において現存する聖霊の働き、そして、キリストの体としての教会の機能[51]」について、実際に機能的に働いていることを理解し、分析することが求められ、「牧師と人々との関係を、神との関係において解釈する」[52]。オーツは、このような牧会に独自の理解、解釈を行うことを、「神学的準拠枠」と呼び、これを行わない場合、伝統的に牧会の働きとして受け継がれてきたのとは縁遠いものとなってしまうと警告している[53]。

オーツの定義は、牧会の独自性を神学的な明快さをもって説明しており、心理学との対話を前提にした牧会の議論に大きな貢献をしている。しかし、牧会の神学と実際の牧会的対話との間に大きな隔たりがあり、そこを埋めるのは牧会者自身の手に委ねられているという限界をもつ[54]。

ドイツにおいて、ロジャーズのクライエント中心療法と対話しながら、牧会についての議論を展開したのは、ヘルムート・タケ[55]（Helmut Tacke, 1928 ― 1988）である。タケは改革派の牧師であり、一九六八―一九七七年の間、エルバーフェルド（ヴッパータール）牧師補研修所の所長を務めた。タケは、神の言の宣教を中心的目的とした牧会の問題点を批判し、他方、クライエント中心療法などカウンセリングの貢献を認めつつ、教会がする牧会との違いをも明確にした上で、独自の理論を展開した。

まず、これまでドイツ語圏で発展した宣教的牧会が、福音宣教の使命を優先させることによって、対話の過程を押しのけてしまうという弱点をもっていることを指摘し[56]、その弱点をカウンセリングの方法論によって克服するのではなく、聖書解釈による修正に徹することによって、この弱点を乗り越える必要があると考えた。そして、トゥルンアイゼンの聖書解釈が「上からの解釈」であると批判し、「牧会的解釈[57]（Poimenische Hermeneutik）」の必要性を主張した。

他方、牧会カウンセリングに対しては、治療者として対話の相手と向き合う傾向があること、また人間による受容を、基本的な姿勢としていることを批判し、牧会者はキリストの証人として立つ者であり、対話の相手を神によって受容された者として見るのだと、その差異を明確にしたことは、心理学との対話における牧会の独自性の議論において重要な貢献をしている。

タケは牧会の目的を「人生の助けとしての信仰の助け[59]」であると理解し、対話にふさわしい仕方で福音と結びついた、牧会的対話の実践を目指した。さらに、牧会的実践の全体を、「神の名の保護領域[60]（Schutzbereich des Namens）」という、独自の概念によって説明することによって、教会の外の、み言葉とは無縁の人へと広がりをもつ牧会理論を展開している。このタケの牧会理論の方向性に、著者も共鳴するものであるが、実際の牧会的対話がどのように展開されうるのかが明確ではない。より実践可能な形で、現実的課題が明らかになるような議論が必要であろう。

このタケにおける課題を鋭く指摘し、これに取り組んでいるのが、タケの弟子であるペーター・ブコウスキー（Peter Bukowski, 1950―）である。ブコウスキーは、一九九九―二〇一五年の間、エルバーフェルド（ヴッパータール）牧師補研修所の所長を務めた。ブコウスキーは『聖書を対話の中にもたらすこと（Die Bibel ― ins Gespräch bringen）』を著して、対話の中に聖書をもたらすことを具体的に実践可能なものとして展開させている。その中でブコウスキーも、トゥルンアイゼンの「牧会的対話における断絶」の概念を批判し、「牧会においては、聖書を対話にふさわしい仕方でもたらすことが重要であると共に、対話の力動性に対抗することなく、同様に対話を中断することがないようにすることが第一に重要である」[61]と述べる。また、タケの提唱した「神の名の保護領域」において展開される、解放を目指す自由な牧会は、「神学的基礎づけにも反論する」[62]ことができると述べ、牧会的対話において神学概念を相対化する自由を主張している。

さらに、ブコウスキーは、「人生の助けとしての聖書は信仰の助けへの道を常に開いている」[63]と述べる。タケが牧会の目的を信仰の助けと位置づけ、そのことが結果的に人生の助けとなると考えるのに対し、ブコウスキーは、牧会が人生の助けとなることだけで十分であるとする。この両者の議論が、牧会の独自性の議論においてもつ意義は、決して小さなものではないだろう。著者は、従来の福音主義における牧会の弱点を聖書的に克服し、さらに御言葉とは無縁の人にも届く牧会理論を形成したタケの牧会理解に賛同する。さらに、タケの牧会理解をより実践的に展開したブコウスキーと対話することによって、牧会の独自性の議論をさらに先鋭化すること、そして牧会の具体的実践において実践可能な形で、牧会における現実的課題が明らかになるような、理論の構築を目指すことが必要であると考える。

第三節　研究方法

先に述べた通り、本書は、牧会とは何かという問いに関する、主にアメリカおよびドイツ語圏のこれまでの議論の変遷を、理論と実践の相克という視点から整理、分析し、そこから、牧会の独自性において鍵となる要素を掘り起こす。その上で、牧会的対話のプロセス全体を支える牧会の基礎づけを行うことを目的とする。

この目的のもとに、特に臨床心理学との対話が始まった二〇世紀以降のアメリカとドイツ語圏の牧会学の文献を中心に「牧会とは何か」という課題にどのように向き合ってきたかを分析する。また、この課題を日本の文脈において考察するために、日本におけるアメリカやドイツ語圏の牧会学の受容と、牧会学の位置づけについて分析する。その上で「牧会とは何か」という問いをめぐる、理論と実践の相克の歴史を止揚するための、牧会の独自性の鍵となる概念を見出し、これに関する考察を掘り下げ、また教育学や牧会カウンセリングなど、隣接する諸領域における議論を参考にしつつ、今日の状況における牧会的対話の基礎づけを行うこととする。

注

1 牧会学は、英語ではpastoral theology、ドイツ語ではPastoraltheologie（牧会神学）が用いられる。pastoralという語は、pastor（羊飼い、牧者）の形容詞である。また、ギリシャ語のποιμήν（羊飼い、牧者：ヨハネによる福音書一〇・一一）から派生したpoimenicsという語も用いる。他にcare of soul（魂のケア）、ドイツ語ではSeelsorge（魂への配慮）という語が用いられる。本書においては、聖書の羊飼いのモチーフから来る、これらの用語のもつ意味を前提にして、展開するものとする。また、カトリック教会では「司牧学」と呼ばれる。司牧学も含めて論じるには、制度上の違いも配慮した丁寧な議論が必要であろう。今回は、資料として参考にするに留めることとする。

2 ここでの議論の多くは、牧師による魂の配慮が想定されるが、牧会的対話に関しては、牧師に限らず信徒によって、あるいは信徒同士で行われることとも関わりがある。近年、教会における信徒の役割が注目されている（例えばレオナルド・ドゥーハン『信徒を中心とした教会』松本三郎訳、女子パウロ会、一九九四年）。

3 一九九八年に世界保健機構（ＷＨＯ）が、健康の定義について新たな提案を行い、これまでの「身体的」「精神的」「社会的」に加えて「スピリチュアル」という語が加えられたことに伴い、注目されるようになった。病院でのチャプレンの働きなど、様々な宗教的背景をもつ人々とかかわる臨床現場において、多様な宗教に開かれている「スピリチュアル」の用語が用いられることが多い。

4 ＡＣＰＥ（旧臨床牧会教育協会）は、二〇〇〇年にミッション・ステートメントの改訂を行い、「パストラルケア」を「スピリチュアルケア」に置き換えた（Bruce Rogers-Vaughn, Best Practices in Pastoral Counseling: Is Theology Necessary, 〈http://AAPC southeast. org wordpress /wp - content / uploads /2012 / 09 / Best-Practices-in-Pastoral- Counseling - Is-Theology-Necessary.pdf〉 2014.4.17. Bruce Rogers-Vaughn. pp. 3-5 を参照）。また、二〇一七年には、the Association for Clinical Pastoral Education から、ACPE: the Standard for Spiritual Care & Education に名称変更を行っている（https://web.archive.org.2019.5.9 を参照）。

5 ＡＡＰＣ（アメリカ牧会カウンセラー協会）は、二〇一九年にＡＣＰＥと合同した。その目的の一つとして、「教育、訓練その他のプログラムを通して、パストラルケア／スピリチュアリティと統合した心理療法の実践を行う専門家をサポートするため」と述べている（https:// web. archive. org. 2019.5.9 を参照）。

6 「スピリチュアルケア」という用語は、英語にするとspiritual careなので、本来ならば「・」を入れる表記を用いるが、「スピリチュアルケア学」「スピリチュアルケア学会」など、この領域では「スピリチュアルケア」が用いられている。本書も、これに準じて表記する。

7 二〇〇七年にスピリチュアルケア学会が設立された。その設立趣意には「すべての人々がスピリチュアリティを有しているという認識に基づき、医療、宗教、福祉、教育、産業等のあらゆる領域において、それぞれの分野が持つ壁を超越するかたちでスピリチュアルケアを実践することこそが、スピリチュアリティの深層の意味を問う作業である」という理念を掲げている（スピリチュアルケア学会ホームページ https://www.spiritualcare.jp/2019.5.9 を参照）。

8 才藤千津子「パストラルケア、スピリチュアルケアへのインターカルチュアル・アプローチ」、『比較文化研究』No.120、二〇一六年、六九―七九頁参照。

9 三永恭平・斎藤友紀雄・平山正実・深田未来生監修『講座現代キリスト教カウンセリング第一巻　キリスト教カウンセリングとは何か』日本基督教団出版局、二〇〇二年。

10 他に、座談会形式での議論をまとめた、越川弘英編著『牧会ってなんだ？―現場からの提言』（キリスト新聞社、二〇〇八年）は、日本の牧会の現場での議論のポイントを理解する上で有益である。また、牧田吉和監修・加藤常昭・河野勇一・堀肇・宮村武夫・窪寺俊之共著『福音主義神学における牧会』（いのちのことば社、二〇〇三年）は、福音主義の立場で牧会を理論的に捉える試みとして示唆を与えてくれる。しかしどちらも日本の牧会学の現状を水平的に捉えることはできるが、歴史的な議論の積み重ねにおける日本の牧会学の現状と課題という、継時的視点は見えてこない。

11 人間の心について探求され始めてからは、長い歴史があるが、独立した学問として心理学が認知されたのは、一八七九年にヴントがライプツィヒ大学に心理学実験室を設立したことに始まるとされる（高砂美樹「一九世紀の心理学」サトウタツヤ・高砂美樹『流れを読む心理学史—世界と日本の心理学』、有斐閣アルマ、二〇〇三年、二四—三〇頁参照)。

12 ジグムント・フロイト（Sigmund Freud, 1856 — 1939）は、モラビアのユダヤ人の家に生まれた、精神分析の祖である。一八九五年に『ヒステリー研究』を表し、精神分析の過程における転移の問題や性的要因の影響を主張した。その他『夢判断』（一九〇〇年）、『自我とイド』（一九二三年）、『抑圧・症状・不安』（一九二六年）など、精神分析の理論を公にしている（Cf. *Rodney J. Hunter ed., Dictionary of Pastoral Counseling*, Abingdon Press, 1990, pp.445 - 446）

13 カール・G・ユング（Karl Jung, 1875 — 1961）は、スイスの医師で、分析心理学の祖である。一九〇九年にフロイトと出会い、以来二人は協力者であり友であった。しかし『変容の象徴』（一九一二年）の出版後に、フロイトとユングの関係は断絶する。『心理学の類型』（一九二一年）は、ユング心理学を心理学の世界に広めた（Cf. Hunter ed., op. cit., p.623）。

14 自然主義神学は、被造物の秩序の中に神との類似性が存在するゆえに、自然は造り主である神を証しするという見解。トマス・アクィナスの『異教徒反駁大全』や、カルヴァンの『キリスト教綱要』においても認められる。カール・バルトは、ブルンナーとの神学論争において、自然において神を認めることができる能力、すなわち、神の啓示に対する「結合点」が存在するというブルンナーの考えを否定した。その背景には、ヒトラー政権下のドイツ国家を神のモデルとしうるような、神学的基礎を据えていることへの懸念があった（アリスター・E・マクグラス『キリスト教神学入門』神代真砂実訳、教文館、二〇〇二年、二七八—二九四頁参照）。

15 *Lexikon für Theologie und Kirche*, Erster Band, A bis Barcelona, Herder, 1993, S.1084.

16 Hans Asmussen, *Die Seelsorge :Ein praktisches Handbuch über Seelsorge und Seelenfühlung*, Kaiser Verlag, München, 1934, S.15.

17 Ibid.

18 Cf., ibid.

19 Ibid., S. 16.

20 トゥルナイゼン『牧会学—慰めの対話』加藤常昭訳、日本基督教団出版局、一九六一年（Eduard Thurneysen, Die Lehre von der Seelsorge, Kaiser Verlag: München, 1948)。

21 同右、九頁。

22 同右、一三頁。

23 同右、一五七頁。

24 同右、一五六頁。

25 同右、一六二頁。

26 同右、一七一頁参照。

27 同右、一七八頁参照。

28 ボンヘッファー『説教と牧会』森野善右衛門訳、新教セミナーブック33、新教出版社、一九七五年（Dietrich Bonhoeffer, Seelsorge, Halbsjahrs-Seminar-Vorlesung zwischen 1935 und 1939, in *Gesammelte Schriften Bd*. V, Hrsg. von E Bethge, 1972, S.363－414)。

29 同右、一一一頁。

30 同右、一一一頁。

31 同右、一一二頁参照。

32 同右、一一二頁。

33 同右、一一二頁。

34 同右、一一六頁。

35 同右、一一一頁。

36 Cf. Michael Klessmann *Seelsorge –Begleitung, Begegnung, Lebensdeutung im Horizont des christlichen Glaubens*, Neukirchener.2008, S.65.

37 ボンヘッファー『説教と牧会』森野善右衛門訳、前掲書、一二七頁。

38 カール・R・ロジャーズ（Carl R. Rogers, 1902－1987）は、アメリカの心理学者で、牧会カウンセリング運動に大きな影響を与えた、クライエント中心療法を打ち立てた。彼の著書『カウンセリングと心理療法』（一九四二年）は、臨床牧会教育（CPE）のテキストとなった（Cf. Hunter ed., op. cit., p.1091）。

39 Seward Hiltner, *Religion and Health*, The Macmillan Company, 1943.

40 スワード・ヒルトナー『牧会カウンセリング―キリスト教カウンセリングの原理と実際』西垣二一訳、日本基督教団出版局、一九六九年（Seward Hiltner, Pastoral Counseling, Abingdon Press, 1949）。

41 同右、四四四頁参照。

42 スワード・ヒルトナー『牧会の神学―ミニストリーとシェパーディングの理論』西垣二一訳、聖文舎、一九七五年（Seward Hiltner, *Preface to pastoral theology*, Curtis Brown Ltd., 1958）。

43 同右、一一―三一頁参照。
44 同右、一五頁。
45 同右、一六頁。
46 同右、二五頁。
47 W・E・オーツ著・近藤裕訳『現代牧師像―牧会心理学序説』ヨルダン社、一九六八年（Wayne E. Oates, The Christian Pastor, The Westminster Press, 1964）、六三頁。
48 同右、六九頁。
49 同右、六五頁参照。
50 同右、六三頁。
51 同右、六四頁。
52 同右、六四頁。
53 同右、六四頁参照。
54 拙論「アダルト・チルドレンの生きづらさから教会を問う」『福音と世界』二〇二四年二月号、新教出版社、二四―二九頁において、「父なる神を代表代表し、象徴するものとしての牧師」というオーツの定義を、今日的な視点から批判的に論じている。
55 ヘルムート・タケは、ヴッパータール牧師補研修所の所長として説教及び牧会について教えていた（C・タウラー・C・メラー「ヘルムート・タケ」、C・メラー『魂の配慮の歴史一二　第二次世界大戦後　の牧会者たち』加藤常昭訳、日本キリスト教団出版局、二〇〇四年〔Möller ed., *Geschichte der Seelsorge in Einzelporträts. C.3.*, Vandenhoeck & Ruprecht, 1996〕p. 191－192参照)。また、いくつかの牧会学概論において、H・タケはトゥルンアイゼンと同様、神の言葉の宣教を目的とする牧会（Kerygmatische Seelsorge）の流れに位置づけられている（Cf., Michael Klessmann, op. cit.; Jürgen Ziemer, *Seelsorgelehre: Eine Einführung für Studium und Praxis*, Vandenhoeck & Ruprecht, 2000)。

56 Cf., Helmut Tacke, Mit den Müden zur rechten Zeit zu reden－Beiträge zu einer bibelorientierten Seelsorge, Neukirchener, 1989, S.77.

57 Ibid., S.40.

58 Ibid., S.108.

59 Helmut Tacke, *Glaubenshilfe als Lebenshilfe－Probleme und Chancen heutiger Seelsorge*, Neukirchener, 1975, S.32.

60 Ibid., S.77.

61 Peter Bukowski, *Die Bibel-ins Gespräch bringen*, Neukirchener, 2009,S. 28.

62 Ibid., S.35.

63 Ibid., S.66.

第一章　牧会学における理論と実践の相克の歴史

二〇世紀以降アメリカの牧会学は、心理学の理論や方法を取り入れた牧会カウンセリングの広まりと多様なニーズへの適合という特徴をもちつつ発展してきたと言える。その過程において、牧会カウンセリングと神学との関係、あるいは牧会カウンセリングにおける神学の役割がしばしば問題として取り上げられてきた。ジョン・B・カブ・Jr.（John B. Cobb Jr. 1925―）は、牧会カウンセリングの教授と神学の他分野の教授は互いに懐疑的であり、「あまりにも長い間不調和であった[1]」と述べている。最近も、アメリカの牧会カウンセリングの現状について、神学の役割が軽視される傾向があると指摘されている。[2]今日、牧会カウンセリングにおける神学の役割をどのように考えていくべきか、改めて問い直す必要があると考える。そこで、この章では、二〇世紀以降のアメリカにおける牧会カウンセリングの動向を、牧会カウンセリングと神学の関係という観点から、主に四つの時期に分けて概観し、牧会カウンセリングにおける神学の役割について考察を試みることとする。尚、四つの時期は次のように分けられる。[3]

第一期：医療分野との協力と行動する神学の始動（二〇世紀初頭～一九四五年頃）
第二期：牧会カウンセリング運動の広がりと牧会神学の理論的展開（一九四五～一九六五年頃）
第三期：新たな心理学による批判と道徳的文脈からの批判（一九六五～一九八五年頃）
第四期：多様性の拡大及び再定義と牧会神学的再考（一九八五年頃～現在）

第一節　医療分野との協力と行動する神学の始動（二〇世紀初頭～一九四五年頃）

二〇世紀初頭のアメリカは、大都市への人口集中、消費産業の拡大、及び世界大戦や革命による移民の増大などにより、社会の構造や人々のライフスタイルが急速に変化した時期である。[4] また一九世紀後半に発展した心理学や精神分析学の影響も相まって、キリスト教の牧会は個人や自我の重視という傾向を強めるようになった。加えて、医療分野においても牧師の働きが注目され、医療との協力による新たな実践的展開が見られた。

（1）医師と牧師の協働による実践

ボストンのイマニュエル教会の牧師エルウッド・ウースター（Elwood Worcester, 1862―1940）は、心理学の専門家や精神科医と共に、一九〇四年に教会でクリニックを開き、精神疾患の患者や霊的な問題に援助を必要としている人々の相談に応じる取り組みを始めた。この活動は、イマニュエル・ムーブメント（Emmanuel Movement）と呼ばれている。このクリニックの実践には、フロイトの精神分析の理論を取り入れていた。[5]

イマニュエル・ムーブメントの治療的アプローチは、四つの原則に基づいていた。

（１）人間は、心（mind）と身体（body）で構成された複合的存在である。

（２）器質的病気（organic disorders）における、医学的治療の治療的有用性は、断然、認識される。

（３）器質的病気（organic disorders）と機能的病気（functional disorders）の間の区別は、霊的（spiritual）癒しの領域として考えられる。[6]

（４）健康と福祉に対する専門医療の貢献は、最小限に評価されてはならない。[7]

この原則によれば、人間の心と身体の問題は密接な関係をもっており、両方にアプローチをすることが重要であること、さらに、この心と身体の関係に霊的な問題が関係しているとの考えを、このクリニックは土台としていた。したがって、身体のどこかに問題を特定できるような病気は医者の領域、精神の問題は宗教の領域と専門的に分離するのではなく、身体の病と心の病には密接なつながりがあるという認識をもち、全人的な癒しのために、医者と牧師が協力することは有益であるという考えに基づいていた。

この運動は、医師と牧師が協力して行なう活動として、当時一定の評価を得ていたが、二三年間続いた後に消滅している。原因としては、この活動の要である、医師と牧師の関係がうまくいかなくなったことや、精神医学の急速な発展に対応しきれなかったことが考えられている。[8]また、教会の働きに忙しい牧師にとって、この運動を継承するには、あまりに多くの準備と学びが要求されることも一因として考えられる。[9]しかし、人間を精神面・身体面・霊的な面を含めた全体的な統一体として捉える最初の実践として、牧会実践の歴史において重要な意義をもつ働きであると言えるであろう。この働きには、アントン・ボイセンやリチャード・C・キャボットも協力しており、後の臨床牧会教育に影響を与えている。[10]

（2）行動する神学による神学教育の開始

医療との関係で、もう一つの新しい展開が見られた。それは、主に医療現場において神学教育を行なう臨床牧会教育（Clinical Pastoral Education）の開始である。これは、一九二五年にアントン・ボイセン[11]（Anton T. Boisen, 1876 — 1965）によって行なわれたのが始まりであると言われている。

ボイセンの考え方は、それまでの知識偏重の神学教育のあり方を大きく転換したものであった。ボイセンは、「本に書かれた既存の定義によってではなく、人々の生きた記録（living human document）によって、また、混乱の中にある現実の社会的状況によって見始めるようになった」[12]と述べている。この確信に基づき、臨床牧会教育では、人々の語る生きた物語に焦点が当てられる。そして、具体的な手段としては、人々の霊的葛藤を記録し、分析するケース・スタディーの方法が用いられる。彼はこの方法を「行動する神学（Doing Theology）」の手段として位置づけた。

さらにボイセンは、人々の宗教的経験についての調査をすることを、神学の一部として定義づける。そして、一般的な状況よりも特殊な状況における宗教的経験を重んじた。[13] なぜなら、特殊な状況に置かれた人々の生と死、罪と救いなど霊的な問題に対する苦闘から学ぶことを通して、健康な人格とは何かについての洞察を得ることができると考えていたからである。[14] ボイセンの考え方は、今日の臨床牧会教育においても受け継がれており、神学、及び神学教育にもたらした彼の貢献は極めて大きい。

同じく臨床牧会教育の草創期に活躍した医師、リチャード・C・キャボット（Richard C. Cabot, 1868－1939）は、患者の痛みに牧師が役割を果たし得ることを認識し、「神学研究の歴史に臨床重視の年が来ることを望む[15]」という論文を出した。これは、神学生の臨床訓練の必要性を広めるきっかけとなった。

キャボットは、ボイセンの臨床牧会教育をサポートしたが、二人の考えは異なっていた。ボイセンは精神力学的な理解に関心をもっていたのに対し、キャボットは、牧師の働きの特殊性を保持することを強調した。牧師は、心理療法を提供するのではなく、患者にとっての痛みの意味に注目することが重要であると指摘し、治療的アプローチよりも存在論的アプローチを強調した。[16] この二人の牧師の働きに関する立場の違いは、牧会の独自性の議論にとって重要なテーマを与えている。すなわち、牧師はセラピストやカウンセラーなのか、それとも牧会に独自のアプローチがあるのかという問いである。

以上のように、二〇世紀初頭は、医療分野との協力による新たな実践の展開と、行動する神学を重視した臨床牧会教育が始まった時期であった。この新たな展開は、人間を全体的統一体として見る視点の重要性を提示し、また神学概念を頭で学ぶだけでなく、苦難を抱えながら生きている人々のリビング・ヒューマン・ドキュメント（Living Human Document）を通して学ぶことの重要性を認識することとなった。一方、牧師が精神科医や心理療法家のようになることへの問題意識が既に存在していたが、牧会の独自性についての議論は後の時代に進展することとなる。

第二節　牧会カウンセリング運動の広がりと牧会神学の理論的展開（一九四五〜一九六五年頃）

第二次世界大戦後、アメリカ社会において、牧会カウンセリングの意義は大いに認められるものとなった。その主な理由として、戦争の後遺症によって心理的・精神的に問題を抱える人々が増加したことが挙げられる。[17] 危機に瀕している人々に対し、牧会カウンセリングがどのように対応するのかに注目が集まった。[18] この状況に応じて、牧会カウンセラーの組織化が行なわれ、神学教育においては、新たに心理学や牧会カウンセリングにかかわる学科が設立され、多くの著作が出版された。[19] それぞれの著書において展開される牧会カウンセリングの理論には、強調点の違いが見られた。

（１）帰納的アプローチか、演繹的アプローチか？

一方には、人々のニーズや経験に注目することを強調する帰納的アプローチがある。ポール・E・ジョンソン（Paul E. Johnson, 1898 ― 1974）は、社会の変化を背景に、かつてないほど牧師の働きに対する人々のニーズが高まっているとし、このニーズに応えるために、牧師が心理学を学ぶことは有益であると考えた。[20] 彼は特に、カール・ロジャーズのクライエント中心療法に同意しつつ、「リスポンシブ・カウンセリング（Responsive counseling）」という独自の方法論を提唱した。このカウンセリングは、対話における他者との応答的（responsive）な交わりが、人間の成長の為に重要であるという考えを基にしている。[21] クライエント中心療法が、クライエント個人の自己実現を目標としているのに対し、リスポンシブ・カウンセリングは、クライエントが他者と積極的に交わり、互いに満足できる人間関係を形成することを目標としている。[22]

このカウンセリングの根底には、「関係の神学」がある。関係の神学においては、人間的な面と究極的な面の二つの側面からアプローチすることが求められる。[23] その為に、牧会カウンセリングを行う者は、心理学と神学二つの領域の教育を受ける必要があると主張する。[24] ジョンソンは、心理学と神学の接点を見いだそうとするとき、パウル・ティリッヒ（Paul Tillich, 1886 ― 1965）の「相関の神学（the theology of correlation）」を引用しつつ、持論を展開する。ティリッヒは、「人間であることは、人間自身の存在の問いを問うこと、そしてこの問いに与えられた答えの衝撃のもとに生きることを意味する。また逆に、人間であることとは、人間自身の存在の問いに対する答えを受け取り、そしてその答えの衝撃のもとに問いを問うことを意味する」[25]と言っている。ジョンソン自身、リスポンシブ・カウンセリングは、帰納的アプローチと演繹的アプローチの両方を統合した立場であると説明しているが、[26]リスポンシブ・カウンセリングでは、主に、人々のニーズから出て来る問いに対して、神が応答するということが考えられており、強調点は、帰納的アプローチに置かれていると言えるだろう。ジョンソンの関心領域やその主張に賛同するところは多いが、リスポンシブ・カウンセリングに関しては、人格的神が人間に向かって語られる言葉に、人間が聞くようになるという側面の説明の不十分さを指摘せざるを得ない。

キャロル・A・ワイズ（Carroll A. Wise, 1903 — 1985）は、牧会カウンセリングにおける人々の経験を重視した。ワイズは、ロジャーズのクライエント中心療法やフロイトの力動的心理学などの理論を用いて牧会カウンセリングの方法論を説明した。ワイズは、信条や教義に知的に同意することとしての信仰を、知識偏重であると批判し、信仰は、人間関係のプロセスの経験から得られるものであると主張する。[27]そして、牧会者は、個々の人間関係の経験から来る言葉を理解する必要があると述べる。[28]またワイズは、「信仰は洞察である」[29]として、人間関係において洞察を得たとき、新しく深い信仰に至ると述べ、この洞察を得ることが牧会カウンセリングの目標であると主張した。[30]

一方、同じ様に心理学や精神分析学の方法論を取り入れつつも、演繹的アプローチに意義を見いだした者もいる。序論でも紹介したように、セワード・ヒルトナーは、牧会の独自性を「シェパーディング（牧養・牧会者配慮）」という概念を用いて説明している。[31] シェパーディングは、彼にとっては牧会者の実践を表す言葉であり、シェパーディングの視座（パースペクティヴ）をもって、実際の牧会カウンセリングがどのように行われるか、その行動について経験的に語られる時に用いられる。[32] さらに、教会や牧師が行うすべての活動と機能について、シェパーディングの視座から観察、反省することによって、生み出された一つの神学体系を牧会神学と定義する。[33] ヒルトナーは、牧会神学は牧師と他の対人援助専門職との違いを明らかにする意義をもつと考え、牧会神学の重要性を強調する。[34] 彼は、あくまで「パストラル」な枠組みを捨てるべきではなく、神学的リソースこそ牧会カウンセラーの持つ独自性であることを強調したのである。[35]

ウエイン・E・オーツも、牧会の独自性を強調した演繹的アプローチを展開した。彼は、牧会の状況を理解する際、心理学や人類学の知見を積極的に用いたが、これを神学的に解釈し、考察を深めて固有の理論を形成した。オーツは、「神が私たちを通して勧めておられるので、私たちはキリストに代わって使者の務めを果たしています」（Ⅱコリント五章二〇節）というパウロの言葉を引用し、牧師を「神を代表し、イエス・キリストを指し示すもの」[36] であると象徴的な意味で捉えた。このことは、牧師自身がイエス・キリストを通して神から与えられた福音の喜びを宣べ伝える証人であること、見えないものに対して証する信仰の人であることを意味する。これを前提に、牧会カウンセリングにおける牧師と人々との関係を神との関係において解釈することという牧会に独自の解釈を「神学的準拠枠」[37]と呼ぶ。オーツは、この神学的準拠枠を持たない牧師は、世俗的なカウンセリングや精神療法の考え方に支配され、伝統的に受け継がれてきた牧師独自の働きとは異なるものとなると指摘している。[38]牧会の独自性を神学的に説明した彼の理論は評価できるが、権威主義的な牧師像と結びつく可能性を指摘せざるを得ない。

（2）牧会カウンセラーの資格化に対する議論

一九六三年にアメリカ牧会カウンセラー協会（ＡＡＰＣ）が設立された。設立を前にして、神学者の意見は二つに分かれた。前述のジョンソンとワイズは設立の協力に肯定的であったが、ヒルトナーは協力をはっきりと拒否。オーツは穏やかに反対の態度を示した。ヒルトナーとオーツがＡＡＰＣ設立に反対する主な理由は、牧会カウンセラーは心理療法家としてではなく、牧師としてのアイデンティティを維持しなければならないということであった。[39]ヒルトナーは特に、牧会カウンセラーの資格認定に対して危惧を懐いていた。その理由は、第一に、カウンセリングはすべての牧師が行なう働きであり、資格認定によって、カウンセリングを行なう牧師とそうでない牧師に分けられることは無意味であるということ、第二に、牧会カウンセラーの資格が何を保証するのかが問題であるとし、もし通常の牧師の働きを保証するのであれば、牧師按手を無意味なものにするし、より専門的な職務を保証するのであれば、それによって牧師の優劣が測られることとなるということが挙げられた。[40]

一方、設立をリードしていたハワード・クラインベル（Howard Clinebell, 1922 ― 2005）は、牧会カウンセリングの実践が既に存在していること、それらを統制するために資格認定が必要であるということを一貫して主張した[41]。

第二期は、社会の変化や戦争に伴って増加した精神的心理的障害の増加を背景に、牧会カウンセリングが急速に広がりを見せた時期であった。それと連動するようにして、実践の理論化も進んだ。その中には、人々のニーズや経験を強調し、心理学や精神分析の方法や理論を用いる帰納的アプローチと、牧会の独自性に注目した理論に強調点を置く、演繹的アプローチの両方が見られた。牧会の独自性を強調していた神学者たちが、資格認定に反対の態度を示していたことは興味深い。牧会カウンセラーが、より高度に専門的になることに伴い、牧師としてのアイデンティティを失うことを危惧していたのである。この時期の議論は、今日の牧会カウンセリングや牧会神学のあり方を考える際にも、なお重要な視点を提示していると言えよう。

第三節　ドイツ語圏の牧会神学に対するアメリカの神学者の反応

戦後アメリカの神学は、反律法主義の傾向が強くなっていた。ブルックス・ホリフィールド（Brooks Holifield）によれば、「一九五〇年代までに、メインラインのアメリカの神学校は、『完全な道徳律法』に対する戦いの基地となっていた[42]」のである。当時、牧会カウンセリングを提唱した牧会神学者たちも、この流れを支えていた。多くの牧会神学者たちは、「自分たちを権威主義的な教会への批判、抑圧的な宗教的道徳主義の反対者、教義主義の敵として見ていた[43]」。

このような流れの中で、アメリカの神学はパウル・ティリッヒの神学に共鳴した。特に、ティリッヒの「相関の神学」は、多くの牧会カウンセリングの神学的根拠として引用されている。確かに、ティリッヒの「相関の神学」は、牧会カウンセリングと神学が、対立ではなく、両者が生かされる道があることを説明することに成功している。しかし、本書においては、この理論についても問いを投げかけたい。

アメリカの教会は、他方で、カール・バルトを、古い正統主義への逆戻りだと理解した。そのため、一九三六年に『教会教義学』の第一巻が英訳されたものの、一九五七年までアメリカのメインラインの神学校や牧会神学者に届けられることはなかった[44]。バルトの仲間であったエードゥアルト・トゥルンアイゼンも、同様に扱われていたことが容易に推測される。

トゥルンアイゼンの『牧会学』が英訳されたのは、一九六二年だった[45]。ポール・E・ジョンソンは、この著作から読んだトゥルンアイゼンとの立場の違いを明確にしている。トゥルンアイゼンが、「ヒルトナーの推断的なカウンセリングを、絶対他者である神の客観性を人間の属性のように考えているとして、その主観性を非難している[46]」ことを挙げたうえで、「ヒルトナーのような米国の牧会カウンセラーは、神学と心理学を互いに補い合うように結合させようとしている[47]」と、ヒルトナーを擁護している。ジョンソンは、心理学をあくまで補助的な役割としているトゥルンアイゼンの立場との違いを明らかにしている。この違いは、ジョンソンが根拠としている、ティリッヒとトゥルンアイゼンの神学の違いとも言うことができるだろう。

第四節　新たな心理学による批判と道徳的文脈からの批判（一九六五〜一九八五年頃）

一九六〇年代半ばのアメリカは、ベトナム戦争の敗北を経験した。この戦争は、多数の兵士の死や精神的困難をもたらした。この時期から、既存の規範体系への批判が文化やライフスタイルに浸透していった。また、一九六四年に公民権法が制定され、人種差別撤廃に向けての社会制度改革が一歩前へ進んだ。

神学においては、一九六六年にハミルトンとアルタイザー（Hamilton & Altizer）の『神の死の神学』などのラディカルな神学が出版され、キリスト教界に刺激を与えた。この影響を受けて、それまで前提とされてきたキリスト教教義の再解釈が活発に論じられるようになった。また、解放の神学やフェミニスト神学も、それぞれの文脈からキリスト教界に問いを投げかける役割を担い始めた[48]。

一方、心理学界においては、フロイトやロジャーズの理論への批判から、交流分析、ゲシュタルト療法、家族療法など新たな方法論が生み出された。また、行動療法にも注目が向けられていた。

この時期、牧会カウンセリングの領域においても、それまでフロイトやロジャーズの理論を無批判に受け入れていたことへの批判が起った。ハワード・クラインベルは、その著書において、フロイトやロジャーズの理論に基づいた従来の牧会カウンセリングの方法論の限界を指摘し、新しい心理学の方法論を取り入れた上で、牧師の働きの文脈やニーズにより適した理論を提示した。クラインベルは、精神内部の変化に注目するよりも、関係を改善することを重視する方法をとる。夫婦関係、家族関係、共同体の間の関係に焦点を当てることは、教会の文脈において適切であると考えられた。また、ロジャーズの理論においては、感情や自己認識が変化すると行動も変化すると考えられたが、クラインベルは、行動療法的なアプローチを用いて、関係や行動における建設的な変化が、しばしば感情や態度に重要な変化をもたらすという側面に注目している。さらに、他者との身体的、心理的相互作用といった水平的要素だけでなく、神との関係における価値や究極的意味といった垂直的要素にも焦点を当てる。[49]

クラインベルは、新しい心理学の方法論によって、より牧会の文脈に適した方法論を提供したが、牧師を、目の前の牧会に有効な心理学的方法論の習得に専心させる方向性を開いたとも言えよう。

他方、それまで心理学の影響を受けてきた牧会カウンセリングに対し、宗教が本来的にもつ道徳的側面を重視することによって、新たな批判が起った。ドン・S・ブラウニング（Don S. Browning, 1934 — 2010）は、著書『牧会配慮の道徳的文脈』において、牧会カウンセリングが世俗の心理学の影響下で、宗教的には中立であろうとする立場に固執し、モラルを最も明確にすべき時に、それをぼやかしてしまった誤りを、痛烈に批判している。そして、そのような傾向は、ロジャーズやフロイトの理論を、神学的反省なしに受け入れた結果であるとみて、牧会の独自性を強調していたヒルトナーさえも、同様の欠点を抱えていることを批判した。[50] さらに、多元主義化している現代においては、相対化への圧力があること、また心理学の影響から、神学における規範的側面を避けてきたことを指摘し、牧会ケアの道徳的文脈を神学的思考によって再構築しなければならないと指摘している。[51]

以上のように、第三期は、それまでロジャーズやフロイトの影響を受けてきた牧会カウンセリングへの批判が高まったことが特徴として見られた。一つは心理学の新たな方法論によって修正するものであり、もう一つは道徳的文脈を重視する、神学本来の規範的側面によって修正する試みであった。しかし、世俗化と多元主義化の波に、牧会カウンセリングは大きく動かされていった。

第五節　多様性の拡大及び再定義と牧会神学的再考（一九八五年頃〜現在）

一九六〇年代以降、アジアや南米からの移民が増大し、[52] ユダヤ教、イスラム教、ヒンズー教、仏教など、キリスト教以外の宗教を信じる人々が増えていったことなどを背景に、人種、性、宗教などの多様性の広がりと受け入れについて、議論が高まっている。キリスト教界においても、フェミニスト神学が影響力を与え、聖書翻訳の改訂が行われ、[53] また、女性の按手を認める教派が、少しずつではあるが、みられるようになった。[54] さらに、八〇年代以降、性的マイノリティに対する差別や偏見に、教会は向き合い続けている。

（1）多様性の拡大と「パストラル」から「スピリチュアル」へ

牧会カウンセリングにおいても、解放の神学や、文脈の神学が、既存の枠組みを問い直したことも助けて、固有の文脈に置かれている人々のケアに対応したモデルが追求されている。そして、従来の理論を修正しつつ、多様な人々のニーズに応じて、その範囲を拡大していく方向に進んでいる。

臨床牧会教育協会（ＡＣＰＥ）[55] は、二〇〇〇年にミッション・ステートメントの改訂を行い、「パストラルケア」を「スピリチュアルケア」に置き換えた。この変化は、宗教的に多様な文脈の人々に適合したことの結果であると言える。またこれは、世界保健機構（ＷＨＯ）の動きも影響していると言えよう。一九九八年にＷＨＯは、健康の定義についての新たな提案を行い、これまでの「身体的（physical）」、「精神的（mental）」、「社会的（social）」に加えて、「スピリチュアル（spiritual）」という語を加えた。それ以来、医療の領域においてスピリチュアルケアへの注目が高まり、スピリチュアルケアの専門家を養成することに方向づけられていった。[56] また、従来、「パストラルケア」と呼ばれてきた分野を「スピリチュアルケア」と呼びかえることが一般的になってきた。[57] また最近、ＡＡＰＣもミッション・ステートメントを改定し、「牧会的（pastoral）」という言葉を「霊的な基礎を置いた（spiritually grounded）」と置き換えた。これらの状況について、ナンシー・J・ラムゼイ（Nancy J. Ramsay）は、「"pastoral"という用語は今や監視の下にある」[58]と述べ、ブルース・ロジャーズ－ヴァウン（Bruce Rogers-Vaughn）は、宗教の個人化、宗教の心理化に続いて、宗教の商業化が生じていると分析している。[59]ヴァウンは、魂のケアが病気の治療の概念に置き換えられているとも指摘している。[60]

（2）牧会神学的再考

牧会カウンセラーがより専門化していく一方で、本来の教会の働きとしての牧会神学を確立しようとする動きが起こり、一九八五年に牧会神学学会（The Society for Pastoral Theology）が設立された。このことをきっかけに、牧会の実践についての神学的な議論が活発に行なわれている。心理学偏重の牧会カウンセリングを神学的に再構築するものには、大きく三つの方向性がある。第一に、教会共同体の文脈を改めて重要視する動き[61]（Patton）。第二に、個人を取り囲む社会・経済的な問題を重視し、暴力、経済的格差、貧困、差別などの社会正義の問題を重要視する動き。第三に、聖書解釈学との関係で理解する解釈的アプローチ[62]（Gerkin）である。また、そもそも牧会カウンセリングの実践における神学的考察自体が衰退しているという指摘もなされ[63]（McClure）、臨床現場で生じる事柄を、神学の概念によって分析するための臨床神学の構築を目指す動きも見られる[64]（Rogers-Vaughn）。

以上のように、一九八〇年代半ば以降、アメリカの牧会カウンセリングは、多様性の拡大に対応するためにその範囲を広げる方向性へと進んでいる。そんな中、牧会神学の議論の場が形成され、神学的議論が活発になされていることは注目に値する。時代の変化に対して、従来の神学的枠組が問われ、対話が活発になされることは重要なことである。その大きな流れの一つに、「パストラルケア」から「スピリチュアルケア」へのシフトがあると言えるだろう。アメリカの牧会神学は、「スピリチュアルケア」を位置づける試みがなされている途上にある。

要約的考察

本章では、二〇世紀以降のアメリカの牧会学の変遷を、理論と実践の相克という視点で概観してきた。そして牧会カウンセリングが、各時代の人々のニーズに応えるために、精神分析学や心理学、文化人類学などの方法論を用いて展開し、癒しのミニストリーに貢献してきたことを確認した。しかし、牧会カウンセリングの専門性が高まるにつれ、牧会の独自性を見失うことの危険性がくりかえし指摘されていた。現在は、さらに多様化する社会の中で、人々のニーズに応えることが求められている。「パストラルケア」が「スピリチュアルケア」にシフトしている現代においても、牧師・牧会者のアイデンティティにおいては、なお「パストラル」の独自性を見失わないことが重要なのではないだろうか。急速に変化を遂げてきた、アメリカの牧会学の歴史を見ることを通して、今日の牧会において、多様なニーズを抱えた人々の癒しの働きに参与しつつ、牧会とは何か？牧師とはどのような存在か？という問いに正面から向き合う牧会神学が必要であると考える。また、知識偏重の神学教育への批判から、経験を重視した臨床牧会教育が誕生した経緯を見てきたが、理論と実践を対立構造で見ることによって、どちらか一方に偏ってしまうことは、必ずしも有益ではない。牧会を必要とする人々の経験と牧会神学とを結びつけ、相互に対話可能になるためには、何が必要なのだろうか。

注

1 J・B・カブJr.『神学と牧会カウンセリング』芝野雅亜規訳、日本キリスト教団出版局、二〇〇五年、二一頁。

2 Cf., Bruce Rogers-Vaughn, Best Practices in Pastoral Counseling.

3 西垣は、第二次大戦以降の牧会神学の動向を三つの時期に区分し、第一期：戦後～一九六〇年代半ば、第二期：一九六〇年代半ば～一九七〇年代半ば、第三期：一九七〇年代半ば～一九八〇年代半ばとしている。著者は、これを参考にしつつ、戦前及び一九八〇年代半ば以降の動向を含めて四区分とした（西垣二一『牧会カウンセリングをめぐる諸問題』、キリスト新聞社、二〇〇〇年、五七―六八頁参照）。

4 森本あんり『アメリカ・キリスト教史：理念によって建てられた国の軌跡』、新教出版社、二〇〇六年、一二三―一四三頁参照。

5 C・V・ガーキン『牧会学入門』越川弘英訳、日本キリスト教団出版局、二〇一二年、七五頁参照。

6 ウースターが治療した事例の中に、麻痺の症状をもった患者がいた。この患者と、神との関係について対話を行い、また催眠療法を行ったところ、　麻痺が治ったと報告している。　このような事例から、機能的症状と脳の器質的原因との間に、霊的領域が関係しているとの想定がある（Cf.，Carl J. Scherzer，The Emmanuel Movement ― A Pioneering Attempt to Treat Personality, *Pastoral Psychology*, 1951, vol.2（1）,pp. 32-33.）。

7 Ibid., p. 32.

8 Cf., Orlo Strunk, Jr. "Emmanuel Movement", ed. Rodney J. Hunter, *Dictionary of Pastoral Care and Counseling*, p.350.

9 Cf., Carl J. Scherzer, op.cit., p.33.

10 Cf., Stephen D. W. King, *Trust the Process, A History of Clinical Pastoral Education as Theological Education,* University Press of America, 2007, pp.13-14.

11 ボイセンは、自身が一四歳の時に精神病院に入院した経験から考察を続け、精神的苦闘と信仰的回心の間に、深い結びつきがあることを確信するようになった（ガーキン、前掲書、八二頁参照）。

12 Anton T. Boisen, *The Exploration of the Inner World : A Study of Mental Disorder and Religions Experience*, Willett, Clark & Company,1936,p.185.

13 Cf., S. D. W. King, op.cit., pp. 30 ― 31.

14 Cf.,Ibid, p.29.

15 Richard C. Cabot, A Plea for a Clinical Year in the Course of Theological Study, in Adventure on the Borderland of Ethics, by Richard C. Cabot, New York: Harper & Brothers Publishers,1926, 1-22（Stephen D. W. King, op.cit.

16 Cf., Ibid, pp.35 ― 37.

17 ガーキン、前掲書、八六―八七頁参照。

18 実際に、一九五〇年以前は十箇所しかなかった牧会カウンセリングセンターは、一九六一年までに九〇～一〇〇箇所開設され、およそ三〇〇人の牧会カウンセラーがいたとのことである（Cf., James N. Lapsley, Jr. Pastoral Counseling Centers: Mid-Century Phenomenon, *Pastoral Psychology*, vol. 13（10）, 1963, p.44.）。

19 ガーキン、前掲書、八九頁参照。

20 Paul E. Johnson, *Psychology and Pastoral Care*, Nashville: Abingdon Press, 1953, pp.24―25. ジョンソンは、一九六四年に来日した際の講演で、神学教育は、教室や図書館から出て行って、人間の生けるニードに答える開拓者となる牧師を育てることの必要性を主張している（ポール・Ｅ・ジョンソン「神学教育の新方向」三永恭平訳、『神学』（27）、東京神学大学神学会、一九六五年、六九頁参照）。

21 Ｐ・Ｅ・ジョンソン『人間理解への道：リスポンシブ・カウンセリングの実際』武田建訳、日本ＹＭＣＡ同盟出版部、一九六八年、五―六頁参照。

22 同右、一三一―一三二頁参照。

23 同右、八〇頁参照。

24 同右、八〇頁。

25 Ｐ・ティリッヒ『組織神学Ｉ』谷口美智雄訳、新教出版社、一九九〇年（Paul Tillich, *SYSTEMATIC THEOLOGY* ― *Three volumes in one*, The University of Chicago press.1967）、七六頁。

26 ジョンソン、前掲書、一四七頁参照。

27 Cf., Carroll A. Wise, *The Meaning of Pastoral Care*, Meyer-Stone Books, 1966, p.41—43.

28 Cf., ibid, p .43

29 Carroll A. Wise, *Pastoral Counseling — Its Theory and Practice*, Harper & Brothers, 1951, p.157.

30 Cf., ibid, p.116.

31 ヒルトナー『牧会の神学』、一一—三一頁参照。

32 同右、一五—一八頁参照。

33 同右、一九—二四頁参照。

34 同右、二六頁参照。

35 西垣二一、前掲書、五六頁参照。

36 オーツ『現代牧師論—牧会心理学序説—』、六三頁。

37 同右、六四頁。

38 同右、六四頁参照。

39 Cf., Charles A. Van Wagner,THE AAPC:THE BEGINNING YEARS 1963-1965, *The Journal of Pastoral Care*, Vol.37（3）, 1983, pp.163 — 179.

40 Cf., Seward Hiltner, Carroll A. Wise, etc., “Credentials” for Pastoral Counseling? *Pastoral Psychology*, vol.11（10）, 1961, pp.45 — 58.

41 Cf., ibid, 45-58.

42 E. Brooks Holifield, *A HISTORY OF PASTORAL CARE IN AMERICA from Salvation to Self* - Realization, Abingdon Press, 1983, p.279.

43 Ibid, p.280.

44 Cf., ibid, p.279.

45 Cf.,Eduard Thurneysen, *A Theology of Pastoral Care*, tr. by Jack Worthington and Thomas Wirser, John Knox Press,1962.

46 ジョンソン、前掲書、一四六頁。

47 同右、一四六頁。

48 森本あんり、前掲書、一四八―一五二頁参照。

49 クラインベル『牧会カウンセリングの基礎理論と実際』佐藤陽二訳、聖文舎、一九八〇年、三八―五五頁参照。

50 西垣二一、前掲書、五九―六〇頁参照。

51 Cf., Don S. Browning, Religious Ethics and Pastoral Care, Don S. Browning ed. *Theology and Pastoral Care*, Fortress Press, 1983, pp.15－16. ブラウニングは、カトリックにおける「道徳神学」、プロテスタントにおける「神学的倫理」、哲学の分野における「哲学倫理」を交換可能なものとする。

52 一九八〇年には白人八三・一%、黒人一一・七%、アジア人一・〇%であったが、二〇一〇年には白人七二・四%、黒人・アフリカ系一二・六%、アジア系四・八%と、白人の割合が下がり、その他の人種が増加している（『世界の統計』、総務省統計局編、一九八五、三四頁、http: // www. stat. go. Jp / data/ sekai/0116.htm 参照）。

53 米国聖書教会は、一九八九年に『新改訂標準訳（ＲＳＶ）』を発行した。そこでは「人間」を表現する際に、男性中心的な表記が男女包括的な表現に改められた（森本あんり、前掲書、一五八頁参照）。

54 同右、一五七―一五九頁参照。

55 ＡＣＰＥは、一九六七年に四つの組織が統合して設立された。主にスーパーバイザーの認定、ＣＰＥのセンターや訓練プログラムの認定、ＣＰＥ発展のための情報提供などを目的としている（Cf., Max Maguire, The Association for Clinical Pastoral Education, *The Journal of Pastoral Care*, 1988, Vol.42（3））。

56 窪寺俊之『スピリチュアルケア学序説』、三輪書店、二〇〇四年、一―三頁参照。

57 才藤千津子「米国における臨床牧会訓練―その現状と課題」『新島学園短期大学紀要』第二八号、二〇〇八年、一―一三頁参照。

58 Nancy J. Ramsay, A Time of Ferment and Redefinition, Nancy J. Ramsay ed.,*Pastoral Care and Counseling Redefining the Paradigms*, Abingdon Press Nashville, 2004,p.3.

59 Cf., Bruce Rogers-Vaughn, Best Practices in Pastoral Counseling, pp. 5―9.

60 Cf., Ibid,pp.5-9.

61 J. Patton, *Pastoral Care in context: An introduction to pastoral care*, Westminster/John Knox Press, 1993.

62 C. V. Gerkin, *The Living Human Document- Revisioning Pastoral Counseling in a Hermeneutical Mode*, Abingdon Press, 1984.

63 B. J. McClure, *Moving beyond individualism in pastoral care and counseling: Reflections on theory, theology, and practice*. Eugene, OR: Cascade Books, 2010.

64 Bruce Rogers-Vaughn, op. cit.

第二章　戦後日本の神学教育における牧会学の変遷

　ここで、アメリカやドイツの牧会学を導入しつつ発展してきた日本の教会における「牧会」に関心を移したい。著者は、明治期から戦前までの日本のプロテスタント教会における牧会概念の変遷を知るための一助として、会衆派、長老・改革派、およびメソジストの三つの教派に関係する神学校および牧師のもつ牧会概念についての研究を行った。[1] そこでは、戦前の日本のプロテスタント教会において、牧会とは「教会における牧師の働き全般」を意味していたことが示唆された。

　では、戦後の日本の教会において、「牧会」はどのように捉えられて来たのだろうか？アメリカやドイツの牧会学をどのように受容し、どのように日本の牧会の現場において実践されてきたのだろうか。戦後の牧会に目を向けるとき、「牧会」の範囲として考えられる現場は、多様性を増している。[2] したがって、本来ならば、様々な領域における牧会の働きを考慮に入れた分析が必要である。しかし、各々の現場から資料を得ることは困難である。そこで今回は、教会の前線に牧師を送り出す役割を担ってきた、神学教育における「牧会」の概念に注目し、中でも戦前の教会についての著者の研究との連続性をもって見ることのできる、三つの学校の神学教育に注目する。そして、そのカリキュラム及び内容において、牧会をどのようにとらえ、位置づけてきたのかを分析する。

分析資料としては、東京神学大学、同志社大学神学部、関西学院大学神学部の三校[3]における戦後のシラバスに掲載されている牧会に関連する科目名、内容、及び担当教員の牧会理解に関する論考を用いる。

第一節　各大学におけるカリキュラムの変遷

（1）応用神学から神学の一領域としての実践神学へ

各大学・大学院の『要覧』及び『要綱』から、牧会に関係する科目を抽出し、学校毎に年代順に並べた。その中で特に変化があった時期を抽出してまとめると次のようになる。[4]

第一の変化としては、一九五六年度に関西学院大学神学部（以下、関学）で、一九五七年度に東京神学大学（以下、東神大）で、「牧会学」の科目がなくなり、代わりに「実践神学概論」が開講されたことが挙げられる。[5] 一九五六年度に、文部省から、「大学設置基準」が出されていることから、これに適合させた変更であることが推測される。しかし、当初その内容に関しては、

同志社大学

一九四七年
実践神学原論
実践神学（各）論
実践神学特論

一九六一年
実践神学序論・特講
基督教教化学・特講

東京神学大学

一九五〇年
牧会学

一九五七年
実践神学概論
牧会学各論
牧会心理学

一九五九年
実践神学概論
牧会学各論
牧会心理学
牧会心理学特講

関西学院大学

一九五二年
牧会学（実践神学概論）

一九五六年
実践神学概論
実践神学特講

※点線の左側は大学院の科目

一九六八年
実践神学概論
牧会心理学

基督教教化学・特講

一九六九年
実践神学概論
牧会心理学概論
精神衛生と宗教

牧会心理学特論

一九七一年
実践神学概論
研究演習（実践）

実践神学特講
キリスト教教化学特殊研究

一九七二年
キリスト教教化学２（実習）

キリスト教教化学研究Ⅰ
（牧会学原論）

一九七六年
キリスト教教化学
（実践の理論・実習）
キリスト教と文化
（キリスト教と心理学）

キリスト教教化学研究Ⅰ
（実践神学概説）
キリスト教教化学研究Ⅴ
（牧会臨床訓練）

一九八〇年
キリスト教教化学
（キリスト教会・教派概説）
キリスト教教化学（実習）
キリスト教教化学
（キリスト教と心理学）

キリスト教教化学研究Ｉ
（実践神学概説）
キリスト教教化学研究Ｖ
（牧会臨床訓練）

一九九二年
キリスト教教化学研究Ｉ
（実践神学概論）
キリスト教教化学研究Ⅱ
（牧会心理学）

キリスト教教化学研究演習Ⅱ
（臨床牧会訓練）
キリスト教教化学演習Ⅱ
（牧会学演習）

一九八九年
実践神学概論
精神医学
牧会心理学
臨床牧会教育

牧会学演習
牧会カウンセリング

一九八三年
実践神学概論
研究演習（実践）

実践神学特講
キリスト教教化学特殊研究

一九九三年
実践神学Ｉ
（実践神学概論）
実践神学Ｂ　（牧会学）
実践神学Ｄ
（牧会カウンセリング）

実践神学特殊講義Ⅲ
実践神学特殊講義Ⅳ
教化学特殊講義
（牧会カウンセリング）

一九九五年
実践神学3
（教理の生成とその思想）
実践神学演習（一）（実習）
実践神学研究I
（実践神学概論）
実践神学研究II
（臨床牧会訓練）
実践神学研究III
（牧会学演習）

二〇〇〇年
実践神学概論
牧会心理学
臨床牧会教育
実践神学演習
牧会学演習

二〇〇二年
実践神学概論
牧会カウンセリング
臨床牧会教育
実践神学演習
牧会学演習

変更前の「牧会学」と同様、教会における牧師の働きの実際的諸問題が扱われた。[6] この時期はいわば過渡期であったと言えよう。

しかし、一九六〇年代には各大学の「実践神学概論」の内容に変化が見られる。実践神学は、それまで聖書神学や組織神学の応用神学として扱われていたが、[7] 神学の学問領域の一分野として他の領域と同様に扱われるようになる。[8] 一九六二年にシュライアマハーの『神学通論』[9] が翻訳出版されたことも、この流れの一つとして捉えられるだろう。[10] そして、実践神学概論では、「神学における実践神学の位置づけ」または「神学的基礎づけ」に重点が置かれるようになる。[11] これにより、個々の実践的事例による個別的検証だけでなく、より組織化された本質的な議論が可能となったといえるだろう。

（2）実践神学各論としての牧会学

これと連動して、「牧会学」は、実践神学各論の一つとして位置づけられるようになる。しかし、実践神学の中で牧会学の重みづけは流動的である。

同志社大学神学部（以下、同志社）では一九七二年以降、大学院科目において「キリスト教教化学研究Ｉ（牧会学原論）」が隔年で開講されていたが、一九八〇年以降は、同科目は「実践神学概説」として、「実践神学における必須知識を全般的に講述すること」が目的とされ、「牧会学」もその中の一つとして含まれる形になる。そして、一九九二年に再び「牧会学演習」として開講されるようになる。関学、東神大でも「牧会学」の科目がなくなったり開講されたりする現象がみられる。このような推移を念頭に置きつつ、牧会概念がどのように考えられていたのかについて検討する。

東神大で、最初に「牧会学」及び「実践神学概論」を担当していた平賀徳造は、一九五一年に書かれた論文の中で、まだ翻訳されていなかった、エードゥアルト・トゥルンアイゼンの〝Die Lehre von der Seelsorge（『牧会学』）〟[12] を紹介し、特に牧会行為の教会的基礎づけがなされていることと、心理学などの周辺諸科学を補助学として位置づけていることについて、今後の牧会学の指針となると評価している。[13]

その後一九六一年にトゥルンアイゼンの『牧会学』[14]が翻訳出版された。トゥルンアイゼンは牧会を、「教会の説教において、一般的に、つまり、すべてのひとびとに告げられた福音を、特殊な形で、個人に伝達することである」[15]と定義する。すなわち牧会を、教会の礼拝とのかかわり、中でも説教とのかかわりを前提として考えている。これ以降、日本の牧会概念は、このトゥルンアイゼンの牧会概念を土台として展開することとなる。

関学で実践神学概論を担当していた藤井孝夫は、一九六四年及び一九六六年に牧会概念の神学的基礎づけを試みた論文を書いている。[16]藤井は、牧会を「説教において告知される神の言に基きそこから出発し、それを目指し、そこへ帰ってゆく教会の実践的な働きである」[17]とし、説教との結びつきに基づいたトゥルンアイゼンの定義を土台としている。しかし、藤井は、トゥルンアイゼンの定義に対して、「果してそれは、講壇で行われる説教の延長・再演ということで済ますことができるか」[18]と問いを投げかけ、教会という枠の中に限定して理解されがちなトゥルンアイゼンの牧会の定義を批判的に超えようとしている。

そして、すべての世界が神の支配の下にあるのであり、すべての世界を教会的領域と理解し、すべての世界における牧会的行為が教会的行為であるとの理解を提示しており、[19]教会の外における牧会を改めて神学的に基礎づける。そこにおいて、福音と世界との関係をどのように捉えるかが課題となる。藤井は、「神の言のもつ逆説的な性格[20]」、及び神の言がこの世界においてもつ「緊張関係[21]」に注目している。しかし、その人間理解においては、「『魂と呼ばれる人間』は『セキュラーな人間』にとっては秘儀にとどまる[22]」と述べるなど、聖俗二元論的な人間理解の傾向をもつと言わざるを得ない。

同志社で「牧会学原論」及び「実践神学概説」を担当していた石井裕二は、一九七八年に牧会を神学的に基礎づけることを試みた論文を書いている。[23]そこで石井は、「『牧会』とはいうまでもなく『教会を牧する』こと[24]」であるとし、教会をその対象としている。また、「牧会は教会の公的礼拝に根拠を持ち、そこから発してそこへ帰っていかなければならない[25]」と、礼拝との結びつきを重視しており、藤井と同様にトゥルンアイゼンの牧会学における定義が底に流れているのを見て取れる。

その上で、石井は現代を「世俗主義」の時代と捉え、その特徴を「前提からの出発」「前提への組み込み」を排除することであると分析する。[26]そして、そのような時代において、教会は従来のものを継承するか、または現在の状況において牧会を固有の活動領域として取り組むことを断念するかのどちらかであると、牧会の現状を分析している。[27]石井は、どちらの立場も牧会論的視点の成立根拠は何かという問いに答えを与えていない[28]と述べる。その上で、「牧会者」の問題に限定して、現代的な問いとして、牧会概念の成立根拠を見出そうと取り組んでいる。ここで石井は、牧会者に固有の職務として「鍵の権能[29]」の行使を挙げ、それはあらゆる論理、道理を超えて、すべてをゆるし、すべてを包むイエス・キリストの意思において成立すると結論づけている。[30]

東神大で一九六九年から、実践神学概論を担当し、トゥルンアイゼンの『牧会学』の訳者でもある加藤常昭は、『牧会学』のあとがきで「牧会学という概念はきわめてあいまい」[31]であると指摘し、Seelsorge の訳語として「牧会」しか持ち合わせていないことを残念であると率直に述べている。[32]加藤は一九六九年以降「牧会」という概念ではなく、「実践神学のパースペクティヴ」という概念で一貫した議論を展開する。[33]この点に注目するならば、同志社の石井が「牧会学」の神学的基礎づけに取り組みつつも、カリキュラムにおいて「牧会学」を「実践神学概論」の科目の中で扱うよう変更し、また関学の藤井が、一貫して「実践神学概論」の中で「牧会学」を扱っていたことと共通していると言えるのではないだろうか。「牧会学」の神学的基礎づけの課題は、結局は、実践神学全体の課題と共通する部分が多いのであろう。しかし、石井や藤井が、教会的枠組みを超えたところで、牧会が成立するための根拠を考えていたのに対し、加藤は、「教会の実践としての実践神学」[34]という規定を保持した点で、異なっている。加藤は、狭義の教会以外の実践も視野に入れていたのであるが、[35]実践神学のパースペクティヴを確立することに、重点を置いているがゆえに、「教会の実践」であることに留まって論じたのだろう。牧会概念の神学的基礎づけという課題において、教会という枠組みをどのように規定するか、教会の外の実践をどのように基礎づけるかが、一つの焦点であることは明らかである。

（３）牧会カウンセリング及び臨床牧会教育の導入

他方、各大学では「牧会心理学」「宗教心理学」あるいは「牧会カウンセリング」が開講され始める。東神大で一九五九年から「牧会心理学」を担当していた三永恭平は、牧会心理学を次のように紹介する。「神学的パースペクティヴのうちに研究を進め、また深層心理学と精神医学の台頭によって、そこから大いなる刺激をうけ、牧会カウンセリング等の実際的な分野をも自己に加えて、今や新しい学問として出発したものである[36]」と。しかし、当時「牧会心理学」の導入に対しては、神学界において議論があった。一九六二年に菅円吉は『日本の神学』に掲載された論文おいて、心理学やカウンセリングは「どこまでも牧会学における補助学として取上げられるべきものであって、それらが牧会学の課題の位地を占めることはゆるされない[37]」と論じている。翌年三永はこれに反論し、やはり『日本の神学』掲載の論文において、「現代の神学は自己の独自性を明確にするとともに、また科学といかなる関係を保ち、いかなる出会いをし、いかに積極的な協同をなすべきかを問われているのである[38]」と主張している。

同志社で「宗教心理学」および「牧会心理学」を担当していた樋口和彦も、一九六一年の論文において、「宗教心理学は全体として問いの性格を以て、外からの即ち神学の答えを問うている[39]」と、神学において「宗教心理学」がある一定の役割をもつことを主張している。これらの、心理学を神学の中にいかに位置づけるかという議論は、今日的な議論でもあると言えよう。

また、関学で一九九三年から「牧会カウンセリング」を担当した窪寺俊之は、牧会カウンセラーがクライエントに寄り添いながら魂の痛みに傾聴し、クライエントを中心にした姿勢をもつことを主張している。[40]そして、一方通行的な宣教、特に発展途上国に対する宣教において宣教する側が上位に立つやり方と比較し、クライエント中心のカウンセリングの重要性を指摘している。[41]これは、トゥルンアイゼンの牧会論に代表される、神の言の神学に基づいた牧会論が、そのまま実践的姿勢に以降する時に、陥りやすい指摘ではないだろうか。人間の心に寄り添う、牧会カウンセリングの考え方や技術は、上からの一方通行になりやすい、神の言の神学に基づいた牧会概念に、問いを投げかける役割をもつと考えられる。

戦後の神学教育におけるもう一つの大きな展開は、臨床牧会教育（Clinical Pastoral Education: CPE）の導入である。臨床牧会教育は、一九二五年にアントン・ボイセン[42]によって行なわれたのが始まりであると言われている。ボイセンは臨床牧会教育を通して、「本に書かれた既存の定義によってではなく、人々の生きた記録（living human documents）によって、また、混乱の中にある現実の社会的状況によって見始めるようになった」[43]と考える。臨床牧会教育は、それまでの知識偏重の神学教育のありかたを大きく転換する運動であった。

同志社で臨床牧会訓練を担当していた樋口は、知的面だけでなく経験をも用いて総合的、動的に神学教育を行う臨床牧会教育の意義を高く評価している。[44]そして、「神学は神の言の啓示に聞くことを基本とするが、牧会臨床訓練は神の言と同じ重要さをもつ人間の言葉、特に危機や、苦難の限界状況にある人間の言語に聞くことを根本としている」[45]と説明し、神学全体における臨床牧会教育の役割を、人間の言葉に聴くことの訓練として位置づけている。

また、関学で臨床牧会実習を担当していた窪寺も、「牧会配慮能力の高い牧師の育成には、机に坐っての勉強では充分ではなく、牧師自身を直接扱う教育が必要です。一般に神学教育が教室での知識教育であるとすれば、ＣＰＥは臨床の場で、牧師が体験する自分自身を教材にする体験教育です」[46]と、その意義を高く評価している。しかし、窪寺は、臨床牧会教育において神学と牧会実践との一体化が目指されたが、これは困難であったこと、その原因として、理性や知性を中心とした伝統的神学が、個人的経験や感覚を重視する臨床牧会教育と馴染まなかったことを指摘する。[47]神学教育における経験の役割をどう位置づけるかが、今後も求められると同時に、臨床牧会教育のプログラム内での、またプログラムそのものの神学的議論が積み重ねられ、深められていくことが、[48]牧会学における今後の課題と言えるだろう。現場における、牧会の事例検討などを通して、関係性や構造の問題、聖書解釈や福音理解の問題を、牧会神学的課題として、理論と実践が有機的に連関していくような仕組みが必要である。

第二節　実践神学における二極化

一九七〇年前後は、日本社会全体に学生紛争の波が広がっていったが、日本基督教団の教会及び神学大学・神学校も例外ではなく、東神大、同志社、関学でも学園紛争が生じている。大学によって、問題とされたことは異なっていたが、対立の現象とその根底にある神学的課題には、三校に共通するものがあった。

同志社の石井は、当時の時代状況において教会とその神学は批判的に問われ、中でも実践神学が直撃を受けたことを率直に述べる[49]。そのような中で当時の実践神学には、一方には宗教的・教会的領域に固執することなく、現代社会における人間の状況にできる限り一般的な視点からアプローチする動向があり、他方には教会固有の宣教内容や伝統的形式を保持しようとする動向があると述べている[50]。すなわち、徹底的に教会の外の領域に生きる人々の一般的視点からアプローチする方向性と、教会的伝統に固執していく方向性の、二極化の傾向があったことを指摘する。もう一人、東神大の近藤勝彦は、当時学生として学園紛争の渦中にあって考えた事柄について述べている。近藤は、当時の学生に「教会とは何か」ということの把握が不明確だったのではないかと問いを投げかける。そして、この問いは、「資本制社会として一括される情況と単独者的実存の両側から引きちぎられて[51]」いたと指摘する。すなわち、資本主義的管理体制vs個人・実存という対立構図が前面に出される中で、「教会とは何か」という本質的な問いは、脇に置かれてしまったということである。

当時の実践神学について、上記二人が捉えていた二極化現象は、あらゆる側面に関連性をもつと考えられる。神学においては、バルト神学vs文脈化の神学。牧会概念の関連で言えば、伝統的牧会vsカウンセリング、理論vs実践、教会vs社会、共同体vs個人。これらの対立構造は、複合的に絡み合い、互いに誤解と無理解を増幅していく。こういった二極化の構図は、これまでの実践神学における議論の経緯とつながりをもちつつ、今日の日本の実践神学の状況においても、なお課題となっているのではないだろうか。当時、批判する側は過激になり、批判される側は立場を固守するために硬直化した。そして、ほとんど解決のないまま、両者トラウマのようなものだけが残っている。従って、その根底にある神学的問いは、残されたままなのである。

第三節　日本の牧会学における神学的基礎づけの必要性

この二極化を脱却し、第三の道を切り開くことが、今日の日本の牧会学の課題といえるだろう。伝統に固執するのでもなく、これまで築かれてきた土壌を完全に手放してしまうのでもない、第三の道を見出さなければならない。

今日、実践の現場に目を向けるならば、教会においては信徒数の減少その他、様々な課題を抱え、打開策が見えない状況にある。他方、病院や施設、また自然災害の被災地などでは、スピリチュアルケア、心のケアのニーズがより一層高まっている。このような状況の中で、今日の牧会学はどのような視点をもって展開していくことが求められるのだろうか。牧会カウンセリングやスピリチュアルケアの実践が、豊かな感性を用いた実践を展開している。そのような実践から多いに学び続けると同時に、「牧会とは何か」が牧会神学的に問われ続ける必要があるだろう。

ヒルトナーは、実践における独自の視点を「パースペクティヴ（視座）」という言葉で言い表している。パースペクティヴとは、「見たり、感じたり、助けたりしている主体が、ある特定の見解を持っていること」[52]である。ヒルトナーは、実践神学的行為においては「伝達のパースペクティヴ」、「牧会のパースペクティヴ」、「組織のパースペクティヴ」の三つのパースペクティヴがあると考える。これらは明瞭に区別して認識される必要があると同時に、実践においては常に同時に働いているのであり、どれか一つが支配的になっているだけであると考える。[53]この理論は、各パースペクティヴの独自性と相互の有機的連関を説明するのに助けとなる。

このパースペクティヴの理論を用いて実践神学の基礎づけを展開したのが加藤である。加藤によれば、実践とは、神が自己証言する場、すなわち聖霊の働く場において、キリストにおける神のわざを現実的に告知する機能を担う行為[54]であり、したがって礼拝における説教と聖礼典に、実践神学のパースペクティヴは最もよく表されると考える。先にも述べたように、加藤は教会の外の働きを除外視していたわけではなかった。「『教会の壁』の外における神の現臨、その自由なる働きについて語ることは、…（略）…もとより否定すべきことではない。むしろ当然のことである。自由なる恵みの神は、神を信じない者を通じても、その真理を語り、その意志を遂行されるであろう」[55]と述べている。しかし、実践神学のパースペクティヴを確立することに重点を置いているがゆえに、あくまでも「教会の実践」であることに留まる。確かに、教会の礼拝において神の現臨を信じること、そこから派遣されていくことは実践神学における中心的課題である。このことは、益々実践神学的に追求されなければならない。しかしこれに加えて、教会の壁の外において、牧会のパースペクティヴをもって、地域や社会で困難を抱える人々に仕えることが、今日益々求められている。特に教会論との関係を意識しつつ、狭義の教会だけでなく広義の教会の実践を支える牧会のパースペクティヴを神学的に基礎づけることが必要である。

要約的考察

本章では、戦後日本の牧会について、主に三校の神学教育における「牧会」の概念の理解、及び位置づけについて分析し、今日の日本における牧会学の課題を明らかにすることを試みた。戦後すぐの時点では、戦前に引き続き、「牧会」は「教会における牧師の働き」を意味し、「牧会学」においては、教会における諸課題について扱われていた。そして、「牧会学」と「実践神学」が同義的に用いられていた。しかし、それまで聖書神学や組織神学の応用神学として、下位に位置付けられていた実践神学が、他領域と並んで神学の学問領域の一つとして扱われるようになると、「牧会学」は「実践神学」の各論の一つとして位置づけられるようになった。しかし、「牧会とは何か」という議論が十分になされていなかったこと、またアメリカやドイツの新しい牧会学から学び始めた時期であたったことなどから、「牧会学」の内容及び位置づけは流動的にならざるを得なかった。そして、「牧会とは何か」という問いが十分に議論されないまま、トゥルンアイゼンの牧会理解の排他的な面を受容し、心理学への一方的な批判がなされたことは、日本の牧会学において牧会カウンセリングや臨床牧会教育を位置づけるのに時間がかかってしまった要因の一つと言えるだろう。日本において、牧会とは何かという問いを考えるうえで、トゥルナイゼンをどのように理解するかということは、これまでの議論を省みる上でも重要な示唆を得ることと考える。その上で、「牧会とは何か」を明らかにし、臨床心理学と対話することのできる柔軟な牧会実践を方向づけることが必要であろう。

注

1 家山華子「戦前日本のプロテスタント教会における牧会概念の変遷」、『キリスト教文化』(七)七八―九五頁、二〇一六年。

2 『講座現代キリスト教カウンセリング』(三永恭平ほか監修、第一〜三巻、日本基督教団出版局、二〇〇二年)には、牧会の多様なニーズが紹介されており、教会以外の現場の牧会も想定されている。

3 この三校をもってプロテスタント神学教育全体を知るには限界があるが、東京神学大学は明治学院神学部からの流れにあり、同志社大学・関西学院も明治期から神学教育を行っている。歴史的変遷を分析する対象としてふさわしいと考える。

4 各大学の資料には、一部に欠損があったため、入手可能なもののみを参照した。同志社大学に関しては一九四七、一九六一〜二〇一五年度の資料を、東京神学大学に関しては一九四九〜一九七二年度、および一九八九〜二〇一五年度の資料を、関西学院大学に関しては一九五二〜二〇一五年度の資料を参照した。なお、特に記載しているもの以外は、点線以下が同年度の大学院(研修過程)のカリキュラムである。

5 同志社大学神学部に関しては、同様の変化が既に一九四一年の時点で行われている。明治二三年時点では「牧会学」が開講されていたが（『同志社百年史：資料編二』、同志社大学、一九七九年、六〇四頁）、昭和一六年には「牧会学」がなくなり、「実践神学原論」と、「説教学」・「牧会学」を含む「実践神学各論」が開講されている（『同志社百年史：資料編二』、同志社大学、一九七九年、一三七九頁参照）。

6　関学について見れば、一九五二年度「牧会学（実践神学概論）」は「教職、礼拝、宣教等にして教会の諸問題を述べる」（『昭和二七年度関西学院大学要綱』、関西学院大学、一九五二年）ものであり、変更後の一九五七年度「実践神学概論」の内容は、「礼拝、説教、礼典、牧会、福音宣教等の諸問題を概説し、…今日の日本の教会が直面している重要問題を論ずる」（『昭和三二年度関西学院大学要綱』、関西学院大学、一九五七年）とある。東神大では当時科目内容が記載されていない為、同じことが言えるかは不明である。

7　『一九六一年度同志社大学神学部履修要項』によると、学部専攻は旧約神学、新約神学、歴史神学、組織神学の四専攻、大学院は聖書神学、歴史神学、組織神学の三専攻であり、実践神学関係科目は組織神学に含まれていた。東京神学大学の『昭和三〇年度学科履修要項』によると、大学院専攻部門は聖書神学専攻と組織神学専攻の二専攻であり、組織神学専攻がさらに教理神学、歴史神学、応用神学に分けられていた。また『メソヂスト教会教義及条例』（大正八年／一九一九年制定）によると、教職試補学科課程の実践神学科目は「応用神学」と記されている（附録二六一―二七八頁参照）。

8　東京神学大学『一九六四年度大学院修士課程履修表』には、聖書神学、組織神学、歴史神学と並んで実践神学部門が設けられている。同志社大学は、『一九六七年度神学部履修要項』より、聖書神学、歴史神学、組織神学、実践神学の四分野で表示される。しかし、大学院の専攻は三専攻のままである。関西学院大学大学院は、神学研究科開設時より聖書神学専攻のみであったが、一九五六年度より実践神学特殊講義を開講している（『昭和三一年度関西学院大学要覧』）。また『関西学院大学要覧』(一九六七年度)の「実践神学概論」の項には「実践神学を神学の中で位置づけ、その成立の根拠を考察する。」と記されており、実践神学を学問の一つとして位置づけようとする意図が見られる。

9 シュライエルマッハー『神学通論』加藤常昭訳、教文館、一九六二年参照。

10 R・ボーレンは、シュライエルマッハーは「学としての実践神学を始めたひと」という、エルンスト・クリスティアン・アーケリスの言葉を引用しつつ、「実践神学は、シュライエルマッハーから解放されなければならない」と述べる(R・ボーレン『神が美しくなられるために—神学的美学としての実践神学』加藤常昭訳、教文館、二〇一五年、二六九—二七〇頁参照)。

11 関西学院大学の『昭和四二年度要綱』(一九六七年)の「実践神学概論」には「実践神学を神学の中で位置づけ、その成立の根拠を考察する。」との目的が記載されている。また、一九六四年度『同志社大学神学部履修要項』によると「実践神学概論」は「現代社会に対する教会活動の神学的基礎づけ」を行うと記されている。

12 Thurneysen, *Die Lehre von der Seelsorge.*

13 平賀徳造「『牧会とその基礎付け』の問題—エヅーアルト・ツールナイゼンの新著—"Die Lehre von der Seelsorge"に就て」、『神学』(三)、東京神学大学神学会、一九五一年、一三五頁参照。

14 トゥルナイゼン『牧会学—慰めの対話』加藤常昭訳、日本基督教団出版局、一九六一年。

15 同右、一三頁。

16 藤井孝夫「牧会学の領域について」『神学研究』(一三)、関西学院大学神学研究会、一九六四年:藤井孝夫「福音主義神学における牧会学の成立と展望」『神学研究』(一五)、関西学院大学神学研究会、一九六六年。

17 藤井孝夫「福音主義神学における牧会学の成立と展望」、六九頁。
18 同右、六九頁。
19 同右、七六頁参照。
20 藤井孝夫「牧会学の領域について」、一九六頁。
21 藤井孝夫「福音主義神学における牧会学の成立と展望」、七六頁。
22 藤井孝夫「牧会学の領域について」、一八七頁。
23 石井裕二「牧会論的視点の成立根拠について」『基督教研究』四一（二）、同志社大学基督教研究会、一九七八年。
24 同右、一〇三頁。
25 同右、一〇三頁。
26 同右、一〇九頁参照。
27 同右、一一〇頁参照。
28 同右、一一一頁参照。
29 同右、一一二頁。
30 同右、一一一―一一二頁参照。この論文とほぼ同じ時期に「種谷裁判」（一九七一年四月―一九七五年二月）が起きている。「種谷裁判」は、当時日本キリスト教団尼崎教会牧師であった種谷俊一牧師が、警察に指名手配されていると知りつつ二名の高校生を匿った疑いで逮捕されたことをめぐり裁判になった事件である（参照：種谷牧師裁判を支援する会編『国権と良心―種谷牧師裁判の軌跡』新教出版社、一九七五年）。石井の論文の背景には、当時この事件をめぐって議論が盛んであった「牧会者の職務」について、その神学的根拠を明確にする必要性を認識していたのではないかと推測される。

31 加藤常昭「訳者あとがき」トゥルナイゼン『牧会学―慰めの対話』加藤常昭訳、日本基督教団出版局、一九六一年、四六九頁。

32 同右、四七〇頁参照。

33 実践神学のパースペクティヴに関する論文は、加藤常昭「実践神学のパースペクティブ」『神学』(三一)、東京神学大学神学会、一九六九年；加藤常昭「実践神学のパースペクティブにおけるキリスト論」『神学』(三五―三六合併号)、東京神学大学神学会、一九七五年；加藤常昭「教会の実践の学としての実践神学―聖霊論的視点から」、『神学』(四〇)、東京神学大学神学会、一九七八年；加藤常昭「『見る』ということ―実践神学のパースペクティブにおける信仰告白」『神学』(四四)、一九八二年；加藤常昭「実践神学のパースペクティブにおける聖霊論」『日本の神学』(二四)、一九八五年がある。

34 加藤常昭「教会の実践の学としての実践神学―聖霊論的視点から」。

35 同右、一五〇頁参照。

36 三永恭平「牧会心理学」『日本の神学』(二)、日本基督教学会、一九六三年、一四三頁。

37 菅円吉「実践神学」『日本の神学』(一)、日本基督教学会、一九六二年、一一一頁。

38 三永恭平、前掲書、一五二頁。

39 樋口和彦「宗教心理学と神学との関連について」『基督教研究』三二(二)、同志社大学基督教研究会、一九六一年、一五六頁。

40 窪寺俊之「宣教とカウンセリング」『講座現代キリスト教カウンセリング第一巻 キリスト教カウンセリングとは何か』、日本基督教団出版局、二〇〇一年、一四六頁参照。

41 同右、一四五―一四六頁参照。

42 ボイセンは、自身が一四歳の時に精神病院に入院した経験から考察を続け、精神的苦闘と信仰的回心の間に、深い結びつきがあることを確信するようになった（C・V・ガーキン『牧会学入門』、八二頁参照）。

43 Boisen, *The Exploration of the Inner World*, p.185.

44 樋口和彦「Pastoral Clinical Training Education について」『基督教研究』三三（三）、同志社大学基督教研究会、一九六四年、一二八頁参照。

45 同右、一二九頁。

46 窪寺俊之「第一章：臨床牧会教育の歴史―アメリカでの初期の状況」窪寺俊之・伊藤高章・谷山洋三編著『スピリチュアルケアを語る―第三集：臨床的教育法の試み』、関西学院大学出版会、二〇一〇年、一〇頁。

47 同右、二〇頁参照。

48 聖公会神学院で実施していた臨床牧会訓練において、差別発言が問題となり、実習プログラムが途中で中止となった。このことを真摯に受け止め、この問題に関する分析と、臨床牧会訓練における課題の考察が記録として残されている（「第三〇回臨床牧会訓練における差別発言：資料集」『神学の声』第三五巻［№66］、一九九八年参照）。この訓練は、参加者の個人的で繊細な事柄を扱う為に、十分な配慮が求められる。一方、実践における過ちを公記録に残す決断をしたことについては敬意を表したい。

49 石井裕二「日本におけるプロテスタント実践神学の最近の総括と展望」『日本の神学』（一〇）、日本基督教学会、一九七一、一七二頁参照。

50 同右、一七二頁参照。

51 近藤勝彦「東神大紛争と文化の神学―紛争中に考えたことども」『福音と世界』、一九七〇年六月号、八二頁。

52 ヒルトナー『牧会の神学』、一五頁。

53 同右、六五―六六頁：加藤常昭「実践神学のパースペクティブ」、一一頁参照。

54 加藤常昭、前掲書、二六頁参照。

55 同右、二六頁。

第三章　エードゥアルト・トゥルンアイゼンの「断絶線」の概念

日本の牧会学の文脈において、牧会の神学的基礎づけに関しては、古典と呼ばれるものが引用されるものの、必ずしも議論が活発になされているとは言えない。[1] その理由の一つとして、初期に紹介された牧会学についてこれまで正しく批判されてこなかったことがあるのではないかと考える。[2] もし、日本に紹介された、初期の代表的な牧会学が、何か権威的なものとして批判されずに置かれ、歴史文書として、また自分の立場や主義主張を明らかにするために、引用されるのみであるとすれば、その本来の意味を、現代において受け取り直すことがなされないままになってしまう。またもし、牧会学の古典と呼ばれるものを十分に理解しないままに批判がなされるならば、そこから学ぶべきことまで消し去ってしまいかねない。それらの牧会学と正面から対話し、その意義を現代の文脈において評価した上で、批判的に乗り越えていく必要がある。

そのような古典と呼ばれるものの代表的な例が、トゥルンアイゼンの「断絶線（die Bruchlinie)」の概念である。これは、一九四八年に出版された『牧会学』において用いられている、牧会を神学的に基礎づける概念である。一九七〇年代以降、欧米の神学において、この概念は心理カウンセリングや対話の理論を重んじる立場から多くの批判を受けてきたが、その多くは「断絶線」の意味を十分に理解しないままに批判がなされて来たのである。そしてこの概念をめぐる議論は、まさに牧会学における理論と実践の分裂、葛藤の状態を表している。

そこで本書では、まずトゥルンアイゼンが「断絶線」という概念をどのような意味で用いていたのかを改めて明らかにする。また、対話の理論や心理カウンセリングの立場から「断絶線」に対して批判し、後の議論に影響を与えたJ・シャルフェンベルクとW・クルツの批判内容を明らかにする。さらに、教育学において、理論と実践の関係について論じたエーリッヒ・ヴェーニガーの論文を通して、トゥルンアイゼンの「断絶線」の概念に対する批判が、理論と実践の乖離ではなく、それを乗り越えるものとなるための方法論について検討を行う。

第一節　トゥルンアイゼンの「断絶線」とは何か

(1)「断絶線」の神学的背景

「断絶線」について考える前に、トゥルンアイゼンの神学的背景について簡単に述べる。トゥルンアイゼンは、二〇世紀初頭からカール・バルトらと共に「弁証法神学」を提唱した神学者の一人である。[3] 当時の自由主義神学が、理性や人間の思索・経験など、人間に自然に存在する事柄をも認識の源泉とするのに対して、[4] 彼らは「神の言葉の神学」を主張し、「神の言葉の中に、神の啓示の中に、いっさいの認識の大前提」[5]を見ることを主張した。このような神学的立場に基づいて、トゥルンアイゼンは牧会を「神の言葉の告知（Verkündigung des Wortes Gottes）」であり、「説教の特別な例[6]（ein Spezialfall der Predigt）」であると定義した。すなわち、牧会の源泉はあくまでも神の言葉にあるという考えのもと、牧会的対話においては神の言葉を告知することが目的とされる。この点で牧会は、説教と目的を共有する。牧会が説教と異なる点は、説教が会衆全体に向けて神の言葉の告知がなされるのに対し、牧会は個人に対して告知されるという点にある。

また、トゥルンアイゼンの牧会学における人間理解は、罪人であるにもかかわらずキリストにおいて罪赦されたとする義認の教理に裏づけられたものであった。トゥルンアイゼンは特に、敬虔主義によって、神の行為としての義認が人間の行為による義認に移し変えられていることに異議を唱え、[7]また心理学の人間理解との区別を明確にする必要性を認識していた。[8]一九二八年に出版された『義認と牧会』の中で、トゥルンアイゼンは次のように述べている。「人間は、義認を根拠にして、キリストにおいて神に語りかけられるものとして見られる。このように、神がその御手をその上に置かれた者として人間を見ること、このことこそ、すべての現実の牧会の最も基本的な行為である」[9]。トゥルンアイゼンの牧会学においては、このような牧会に固有の人間理解が基盤となっている。

一方、トゥルンアイゼンの神学議論においては、あれかこれかの二者択一の枠組みで捉えられ、神の言葉の啓示による認識以外のものを「断絶（Bruch）」の向こう側に位置づける傾向が見られる。この傾向は、トゥルンアイゼンと深い親交のあったカール・バルトの初期の神学にも共通してみられることから、トゥルンアイゼンは、その時代におけるバルトとの対話を通して、このような神学的傾向を強めていったと考えられる。[10] すべてにおいてこの態度は一貫しており、彼は敬虔主義[11]や心理学・精神分析[12]などに対して、神の言葉によって与えられる認識との差異性を明確に主張していった。こうしたトゥルンアイゼンの態度を、時代状況との対話による産物であると考えることはある程度妥当であろうが、果たして時代状況のみに限定してしまってよいのであろうか。ドイツの牧師であり説教学の研究者であるルドルフ・ランダウ[13]（Rudolf Landau）は、トゥルンアイゼンのこの態度は、第一次世界大戦において存在した当時の雰囲気のみによって説明することはできないと述べる。[14] すなわちランダウによれば、トゥルンアイゼンは「断絶」を、当時の時代状況のみでなく、すべての時代に存在するものとして理解していたのである。[15] 戦前も戦後もトゥルンアイゼンは悩める人々の側に立ち、牧会を行う実践者であった。そしてその実践においては、彼のこの牧会学が地盤となっていた。

こうして第二次世界大戦後に出版されたトゥルンアイゼンの代表的著作である『牧会学』が世に出される。そしてこの著作が、後継者たち、批判者たちの議論の的となるのである。「断絶線」の概念は、こうした議論において鍵となる言葉の一つである。この議論を見ることを通して、今日のわたしたちがトゥルンアイゼンの何を批判し、何を継承すべきなのかを識別することが必要であると考える。

（２）『牧会学』における「断絶線」の実践神学的な基礎づけ

では、「断絶線」の概念は、トゥルンアイゼンの牧会学においてどのように基礎づけられたのであろうか。彼は、その著書『牧会学』の中で牧会的対話における「断絶線」について次のように説明している。「牧会の対話は、人間生活の全領域を、そこで現実に働いている、心理学的、世界観的、社会学的、道徳的な諸解釈や諸判断とをそえたままで、神の言葉の判断のもとに置く。そのゆえに、この対話のすべてを貫く、断絶の一線がひかれることになる[16]」。

ここでトゥルンアイゼンは、牧会的対話のプロセスにおいて二つの地平があると考える。一つは、人間的な判断・評価が行われる地平である。人間を十分に理解するために、ここでは心理学や社会学などの自然科学の知見を用いることが必要であると考える。しかし、これらを有効に活用すべきであるとしつつも、そこに暫定性を見る。なぜなら、牧会においてはもう一つの地平の存在が大きく関わっているからである。それは、「神の前もっての判断[17]（das göttliche Vorurteil）」という地平である。牧会的対話においては、後者は前者よりも優先され、この二つの地平の間には「断絶線」が大地の割れ目のように走っていると考えられる。この「断絶線」という表現を用いることによって、トゥルンアイゼンは人間の判断と神の判断の差異性を明確にする。トゥルンアイゼンの場合、「断絶線」を想定することは、心理学や社会学などの自然科学を拒絶することを意味しない。その違いを明確に区別しているからこそ、自然科学との対話を行うことができるようになると考えるのである。[18] また、この「断絶線」によって神を人間から離れたところに置くことを目的とするのではなく、人間の判断と神の判断が現実に隔たりをもつことを認めることにより、神の言葉を一人一人に届けるという牧会的対話の目的をより明確にする機能をもっていると考えられるのである。

以上のような理論的基礎づけを前提として、さらに、牧会的対話において人間の状況と神の言葉をどのように結びつけるのかについて、トゥルンアイゼンはより実践的な基礎づけを行っている。「牧会的な対話によって、自分の隣人を助けるのには、これを、その固有の生活状況において取り上げ（aufnehmen）、さらに、自分自身がそこから来た、あの異なった場所の光と力の中へと、伴っていく（mitnehmen）というふうにするのである」[19]。前半の「取り上げること（Aufnehmen）」においては、対話の相手の状況を理解することが重視され、その為に相手の話を十分に「聴く」ことが大切にされる。[20] この時、心理学や社会学など諸領域の知識は、相手の状況を理解する為に必要不可欠なものであると考えられる。[21]

そして、対話において聴き取られた内容は、後半の「伴っていくこと（Mitnehmen）」において、「神の言葉の光の中へ[22]」と導かれることになる。ここで、心理学や社会学などの諸領域と神の言葉の領域との間に「断絶線」が想定され、対話において理解された相手の状況が、「断絶線」を越えて神の言葉と結びつけられるのである。ここにおいて、牧会者の役割は特別な光を帯びる。すなわち、トゥルンアイゼンの理解によるならば、牧会者は、神の言葉の光の下から来て、[23] 対話の相手の状況に共に立ち、その状況を理解し、さらに神の言葉の領域へと相手を伴っていくことが役割なのである。

また、トゥルンアイゼンの人間理解は、すべて人間を罪赦された者として見ること、すなわち神による義認を中心においていた。それゆえ、牧会的対話の内容は、罪の赦しの伝達を目指すものと考えられた[24]。しかしこの時に、対話の相手の中に必ず自己防衛が生じると考える[25]。十字架による罪の赦しを前にしても、人間は赦しに心を開かず、赦されている現実を受け入れることができない。このようにして、人間は常に恵みに逆らう戦い[26]（Streit gegen die Gnade）をしていると理解される。したがって、牧会的対話においては、対話の相手を神の言葉の下に連れて行くために、戦いの要素を帯びることになる。「断絶線」を想定した牧会的対話は、他者を断罪し、拒絶するためのものではなく、トゥルンアイゼンにとっては、むしろこのような対話こそが、罪の赦しを受け入れる決断を促し、人々を解放へ導くと考えられるのである。

では、「断絶線」を想定した牧会的対話はどのように展開されるのだろうか。トゥルンアイゼンが述べている展開例の中から紹介する。トゥルンアイゼンは、牧会的対話において存在する道徳的な判断について、「牧会者は、自分の前に持ち出された生活状況を現実に取り上げるのであるから、…こうした道徳的範疇の中で、共に考え、共に語るということを最初から避けるわけにはいかないだろう[27]」と述べる。すなわち、対話の相手と共に善悪の判断について対話をしながら共に考えることが大切にされる。その上で、「イエス・キリストにおいて、『悪い者の上にも、良い者の上にも、太陽をのぼらせ、正しい者にも正しくない者にも、雨を降らして下さる』神の判断のゆえに、一度は、そのような道徳的な判断に対して、断絶に至らなければならないのである」[28]と述べる。一方で牧会者が認識している神の判断があることを常に意識しながら対話をすすめていった先に、神の判断と人間の判断の違いが明確になる点に至る。その時、そこにトゥルンアイゼンは「断絶線」を見るのである。そこでこそ、古い人間が死に、新しい人間に飛躍する場所があると考える。ルドルフ・ボーレン（Rudolf Bohren）は、トゥルンアイゼンの牧会学において〈見る行為（Sehakt）〉が不可欠な要素であるにもかかわらず、彼の著作において「その〈見る行為（Sehakt）〉を十分に考察しているとは言えない」[29]と批判している。そして、その見るという要素を加えて「断絶線」の周りで何が生じることとなるのかを分かりやすく説明している。すなわち「魂への配慮を求める者は、哲学者の目でこの世における罪を見ている。この世や、他者や、自分のなかや、さまざまな関係のなかにある罪を見ている。魂への配慮をする者は、罪をキリストの十字架において見る」[30]。トゥルンアイゼンが考えていた牧会的対話は、このボーレンの助けを借りて解釈するならば、「断絶線」を越えて向けられる神のまなざしによってその人を見ることと神の言葉を伝えることが、共に行われることによって、すなわち神の言葉において語られる内容に照らして、自分自身を新しく見ることへ至ると考えられる。

（3）見せかけの対話への批判

トゥルンアイゼンはまた、「断絶」の概念が実践において誤って使用されることについて、次のように批判している。「われわれの対話をそこへ導いていかなければならない目標である、断絶、決断ということが、支配的な意図になってしまい、ろくに対話を始めることもせずに、唐突に、直接に、これを実行しようというようなことになることはゆるされないことなのである」[31]。神の言葉を個人に伝達することが牧会的対話の目的であるという考えに基づいて対話を行うとき、神の言葉を告知するという意図が牧会者の中で支配的になると、一方向的になってしまい、相手の言葉に十分聴くことができなくなることがある。この時、神の言葉が届けられる前に、牧会者と対話の相手との間に「断絶」が出来てしまう。このような牧会的対話は、真の意味での対話にはなりえず、本来の目的である神の言葉を対話の相手に届けることもできなくなる。このことをトゥルンアイゼンは「見せかけの対話[32]（Scheingespräch）」と呼んで批判している。

トゥルンアイゼンの「断絶線」の概念は、人間の判断と神の判断との間に隔たりがあることを強調する。これは、牧会者と対話の相手との間にも「断絶線」がひかれることが目的なのではなく、「断絶線」の存在を明確にすることによって、「断絶線」の向こう側からの神の言葉をより期待するようになり、神の言葉が届けられることを通じて、あくまでも対話の相手を解放へと導くことが目的であると考えられたのである。しかし多くの場合、そのようには理解されず、「断絶線」は表面的に、すなわち牧会者と他者との間の「断絶」として理解されたのである。

第二節　トゥルンアイゼンの「断絶線」に対する批判

トゥルンアイゼンの『牧会学』から二十年後、牧会学の中で心理カウンセリングの方法論の活用がさらに強調される中で、「断絶線」に対して数多くの批判がなされた。その中で、代表的な二人の批判に注目する。

（1）J・シャルフェンベルク（Joachim Scharfenberg）

シャルフェンベルクは、その著書『対話としての牧会（Seelsorge als Gespräch,1972）』の冒頭において、「ドイツ福音主義神学において、牧会の分野以外のどこにも、理論と実践の分裂が荒廃した結果を生むことを許したものはない」[33]と述べ、牧会の分野の危機的状況を指摘した。そして、牧会学の進展を阻害しているのは、「〝対話（Gespräch）〟と〝告知（Verkündigung）〟の両方の概念が硬直して固定している」[34]ことにあると明確に述べる。彼の鋭い指摘は、特にトゥルンアイゼンに代表される神の言葉の神学に基づいた牧会に向けられていると考えて良いだろう。すなわちこの牧会学が「告知」という目的に固執し、また高い聖性をもっていることが対話の概念との接点を見いだすことを阻害していると批判しているのである[35]。確かに、トゥルンアイゼンが牧会的対話において、神の言葉を告知することを強調するために、「断絶線」の概念によって、心理学の方法論などとの差異性を主張するとき、共通の接点を見いだそうという方向性は見いだされない。また、神の言葉の聖性、特殊性の強調は、その独自性、固有性を保守するためには有益であるが、教会の枠組みを超えてより広く用いられる為にはあまりにも高いところに位置づけられているると言わざるをえない。

この問題を乗り越えるために、シャルフェンベルクは対話の構造そのものに注目して次のように述べる。「特別な対話の構造のなかに、特に魂への配慮として示されうるものが既に隠されていたということである。なぜなら対話は、われわれを自由にし、同時にその自由を生きることができるようにしてくれるからである」[36]。このように、対話の行為そのものが人を解放し、そこに癒しの効力があると主張する。あくまでも対話における自由を主張するシャルフェンベルクの理論は、神の言葉の領域へ相手を導くという意図をもって相手の言葉を聴くトゥルンアイゼンの理論と明らかに異なる。シャルフェンベルクが主張する対話における自由の概念は、「告知」という要素が対話的な要素を阻害してしまいがちなトゥルンアイゼンの理論の欠けている点を補うものであろう。しかし、シャルフェンベルクが牧会を「共に真実に対する問いを連帯すること」[37]であると結論づける時、一般的な対話において考えられていることとほとんど変わらないことになる。

また、シャルフェンベルクは、トゥルンアイゼンの「断絶線」について述べる際に、トゥルンアイゼン本人が「断絶線」ではないと言って否定していることを「断絶線」の中心的な概念としていた。シャルフェンベルクは医者と患者の間の対話においても「断絶」は見られると考え[38]、彼は、次のような表現の中に「断絶」の態度を見ている。「牧会者が多くの言葉を語った後には、相手に押しつけていないか注意しなければならない。個人的な問題を、ほとんど牧会的なものに方向転換してしまっていることを自覚することができない[39]」。すなわちここでシャルフェンベルクは、対話の相手の言葉を十分に聴かないで対話の内容を押しつける態度として「断絶」を捉えているのであるが、これはまさにトゥルンアイゼンが「見せかけの対話」として批判していた態度である。シャルフェンベルクの鋭い批判は、トゥルンアイゼンの牧会的対話の問題点を修正するために有益なものであるが、「断絶線」への批判に関しては、トゥルンアイゼンが真に意図した内容が理解されておらず、議論が噛み合っていないと言わざるをえない。

（2）W・クルツ（Wolfram Kurz）

クルツは、改めて「断絶線」に関する議論に注目し、神の言葉の宣教を目的とする牧会（kerygmatische Seelsorge）と心理治療を目的とする牧会（therapeutische Seelsorge）の間の真の違いがどこにあるのかを明らかにしようと試みた[40]。クルツは、これまでの議論が噛み合っておらず、堂々巡りになっていることを指摘した上で、トゥルンアイゼンの「断絶」の概念を牧会的対話における機能の面から二つの形態に分類した。そして、牧会的対話に効果的な「断絶」の形態を明らかにしようとした[41]。一つは対話の相手に隠された、牧会者の神学的理解としての「潜在する形態（latenter Form）」であり、もう一つは、対話における発話や態度など、牧会者と対話の相手が共有しうる「明らかな形態（manifester Form）」である。[42]そして、「潜在する形態」は、トゥルンアイゼンの「神の前もっての判断」に対応し、そこにおいて対話の態度や過程が神学的に認識される。そしてその認識が「明らかな形態」において効果を発揮するものと捉えられる。[43]クルツの議論の特徴は、対話における「断絶」という現象が、神の言葉の神学に基づく牧会にも、心理治療的牧会にも両方に見られるという前提に立っていることである。[44]そして、クライエント中心療法[45]及び〈意識―無意識〉といった精神分析的思考形態と、トゥルンアイゼンの「断絶」の間に共通性を見出すことを通して、対話に効果的な「断絶」の特徴を明らかにしようとしていることである。クルツは、牧会者が対話の相手の抑圧の下にある、中心的渇望に目を向けなければならないと述べる。[46]トゥルンアイゼンも、抑圧の下にある対話の相手の葛藤を取り上げることの必要性を述べていた。[47]しかし、もしカウンセリングにおいて対話の相手の表面的なことしか観察し得ないとき、抑圧の下にあるその人の抱える困難さの本質を理解することができない。クルツは、ここにトゥルンアイゼンの牧会において問題とされる対話との共通の問題点を見ようとする。[48]すなわち、牧会者が対話の相手の真の問題を十分に聴くことができず、理解することができないまま、潜在的に「断絶」が存在していることが問題なのだと指摘する。すなわち、神の言葉の「告知」という概念への固執が、潜在的に越えられない「断絶」をもたらしてしまうという指摘である。

クルツは、対話の相手の実存的な問題を十分に理解した上で、それを神学的観点の下で基礎づけ、イエス・キリストの復活物語に巻き込むことを提案する。[49] そして、古い自分と新しい自分との間に「救済の力のある断絶[50]（ein heilsames Bruch）」を見ることが対話に有益であると述べる。しかしもし、「クライエントの具体的な問題との援助的な結びつきのない中で指示を行う場合、明らかに無意味な断絶に行きつく」[51]と述べ、「対話に有効な断絶」と「無意味な断絶」があることを指摘する。そしてクルツは、トゥルンアイゼンが「無意味な断絶」の危険性を完全には除去できていないことを批判する。

クルツは、トゥルンアイゼンの「断絶」を「潜在する形態」と「明らかな形態」に分類して分析することによって、この概念が実践においてもたらす問題を明確にした。そして、相手の実存的な問題に十分に耳を傾け、それと結びつけることの重要性を主張した。しかしクルツは、主として「断絶」の実践的な機能に注目し、その問題点を「抑圧」の概念やカウンセリング理論の枠組みを用いて分析しているのであるが、神学的基礎づけに関する議論としては十分ではない。結果的にトゥルンアイゼンが「断絶線」において本来意図したことは置き去りにされたままなのである。

また、クルツは「断絶」の「潜在的形態」を「神の前もっての判断」と対応するものとして議論を展開しているが、ここでは抑圧の心理構造と「神の前もっての判断」との区別が曖昧であり、人間の中心的渇望を掘り下げたところにおいて神の判断を見出すことができるかのような印象を受ける。しかし、トゥルンアイゼンは人間の心の奥に神の判断を見出したのではなく、神の判断は徹底的に人間の向こう側から来ると考えたのである。クルツは、「共通性」を見いだそうと試みたことで、結果として違いが曖昧になってしまった。違いをより明確にしつつ、両者の接点を探していくという姿勢が求められる。

第三節　トゥルンアイゼンに対する批判の方法

ドイツにおける教育学者エーリッヒ・ヴェーニガー[52]（Erich Weniger）は、「教育における理論と実践[53]」という論文の中で、教育における理論と実践の関係について、対立関係ではない真の関係を探求した[54]。著者は、このヴェーニガーの研究の成果に、トゥルンアイゼンに対する批判が理論と実践の乖離の方向に進まないための鍵があると考える。そのため、この節ではまず、ヴェーニガーの理論について見ていくこととする。

実践家は、しばしば、自らの実践的経験を最も価値あるものとして、「理論は実践に役立たない」と理論家の理論を否定する[55]。そのことは、教育学の領域だけに限られたことではなく、神学の領域においても同様である。特に、トゥルンアイゼンのような理論は、牧会カウンセリングの実践を重視する立場から拒否され、理論と実践の溝を作り出していた。しかしヴェーニガーは次のように述べている。「経験をなすどの実践家も、前立場（Voreinstellung）をもっており、これでもって行動、つまり教育的行為の遂行に取りかかる。…実践家は、本当は、絶えず理論から行動するのであり、そしてそのことは、全くその通りであって、別条ないのである」[56]。このヴェーニガーの立場に立つのであれば、どの牧会的「実践」にもすでに「理論」が含まれているのであり、理論と実践を対立的に切り離すことは、自己矛盾していると言わざるをえない。

ヴェーニガーは、実践の中にすでに含まれている理論がどのようなものであるかに注目した。そこで彼は、「実践における理論」には、二つの次元が存在すると説明する。「第一次理論」(Theorie ersten Grades)は、実践家が実践をなすに先立ってすでに携えているものの、まだ言語的に表明され、自覚化されておらず、無意識的に取られている立場である。また、「第二次理論」(Theorie zweiten Grades)は、定理、経験法則、処世訓、スローガン、格言等のように、言語的に表明されて実践家の所有になっており、第一次理論が意識化・言語化されて、明確な「立場」となって表現されているものである。[57] これらの二つをヴェーニガーは「実践家の理論[58]」(Theorie des Praktikers)と呼んでいるが、さらにこれに加えて「理論家の理論」(Theorie des Theoretikers)を付け加えている。これは「第三次理論」(Theorie dritten Grades)と呼ばれるものである。理論を内包させた実践の基本構造を解明することによって、「客観的、単に分析的な機能」をもち、実践を対象化し、実践の「外に」立つ。それだけでなく、実践の「うち」で「理論の精製」という機能をも引き受けるとともに、さらには、「理論の理論」(Theorie der Theorie)」(メタ理論)として「理論と実践との事態全体の解明」にも従事する。[59] ヴェーニガーはこの「第三次理論」について、「それが実践家を助け、実践家がこの理論の成果でもって何がしかのことをはじめることができるかぎりにのみ、実践に役立ち、有効である」[60]と述べている。理論家の理論が、理論のための理論でなく、また単に実践「について」説明するだけの理論でもなく、実践の「ための」理論でなければならない。そのためには、理論家も実践に積極的に参加し、責任を担うことが求められる。

これまで、トゥルンアイゼンに対する、シャルフェンベルクとクルツの批判を見てきた。それぞれの批判を通して、トゥルンアイゼンの牧会学がもつ弱さが明確にされたが、それぞれの議論の次元がかみ合っていない印象を受けた。これに関して、ヴェーニガーの視点を借りて分析を試みてみたい。シャルフェンベルクは、トゥルンアイゼンの牧会学においては、神の言葉を「告知する」という目的が先行していること、牧会者は高い位置にとどまっているということを指摘した。そして、対話の行為そのものの中に解放と癒しの効果があると主張した。しかし、シャルフェンベルクは、ヴェーニガーの区分でいえば実践家の理論の段階での議論に留まっており、これでは、理論と実践の対立構造の中で批判しているにすぎないことになる。

一方、クルツは、トゥルンアイゼンの「断絶」の概念を牧会的対話における機能の面から二つの形態に分類した。そして、神の言葉の「告知」という概念への固執が、潜在的に越えられない「断絶」をもたらしていると批判した。その上でクルツは、対話の相手の抑圧下にある葛藤に注目し、実存的な問題を十分に理解した上で、古い自分と新しい自分の間にある「救済の力のある断絶」

を見ることを主張した。このクルツは、「断絶」の理論を機能的に分析して議論することによって、ヴェーニガーの第一次理論から第三次理論まで、幅広い次元で議論している。また、そのことによって、理論と実践の対立構造は解消されている。しかし、トゥルンアイゼンが「断絶」の概念で強調していた「神の前もっての判断」を、「潜在的形態」という抑圧の概念との類似性において説明することによって、実践の理論の全体が抑圧の構造における説明に解消されてしまっている。結果的に、トゥルンアイゼンが「断絶線」で意図していた本来の意味を脇へ置いたままの議論になってしまっているのである。

ヴェーニガーの教育理論を現代の教育実践において展開している山﨑氏は、ヴェーニガーの三区分に加えて「第四次理論」の必要性を主張している。ヴェーニガーの三区分において、理論から実践へ、実践から理論へという「循環」を説明することは可能となった。しかし、それが単なる循環に留まる限り、新しい実践は生まれない[61]と山﨑氏は指摘する。実践を根本的に問い直し、全く新しい実践を創造するには、実践の批判を含み、理論と実践の対立を止揚する、「第四次理論」(Theorie vierten Grades)が必要であるという。この「第四次理論」の視点に立って、トゥルンアイゼンの「断絶線」の概念をめぐる議論を見るならば、トゥルンアイゼンは神の言の神学に立った実践の理論を展開し、他の二人は、対話の理論や抑圧の理論を実践において展開することを主張していた。さらに、抑圧の理論を含んだ実存的神学も、神の言の神学も、ともに神と人間あるいは人間の表層と深層といった、縦の構造で見る視点が共通していた。仮にここに限界があるとするならば、横の構造で見る視点、すなわち聖霊論的視点が必要ではないだろうか。

トゥルンアイゼン自身は、対話の相手に聴くことを重要視している。しかし、神の言葉、罪の赦しの言葉が「断絶線」を越えて人間に届けられることを目標として対話を進める時、牧会者の対話の言葉が権威を帯びて、相手を黙らせてしまう危険性を理論的に排除しきれていないのである。そうだとすれば、対話のプロセスにおいて、神の言葉、すなわち聖書はどのように届けられる可能性があるのか。また、対話の目的はどこに置かれるべきなのだろうか。牧会者の立ち位置はどこに置かれるべきなのかという問いが生じてくる。

また、トゥルンアイゼンの牧会学における神の言葉の聖性、及び特殊性の強調は、その独自性、固有性を保守するためには有益である。しかし、教会の枠組みを超えてより広く用いられる為にはあまりにも高いところに位置づけられている。牧会的対話のプロセス全体を通して、またその中にあって、牧会の独自性を説明するためには、どのような基礎づけが可能であろうか。また、臨床心理学との関係においても、断絶ではなく、互いに対話が可能な形で位置づけるためには、どのような議論が可能であろうか。新たな実践を創造するために、聖霊論的視点でこれらの問いについて考えていく必要があるだろう。

要約的考察

本章では、トゥルンアイゼンの「断絶線」の概念の意味を明らかにした上で、対話の理論や心理カウンセリングの立場からの批判内容を明らかにした。トゥルンアイゼンの「断絶線」の概念は、その神学においてあまりにも神の言葉の「告知」に固執し過ぎることで、実際の対話において、一方的で独断的になり、対話における自由が十分に確保されないことや、相手の言葉に十分に聴くことができなくなる可能性を理論的に排除しきれていない。この点で、「断絶線」の概念は批判されなければならない。もし、対話の相手が、過去の自分の親子関係のことで長い間溜まっていた思いを話したいと思って牧会者を尋ねて来ても、牧会者が「過去の不満を並べていても始まらない。『神が…わたしたちを愛されたのですから、わたしたちも互いに愛し合うべきです』(ヨハネの手紙Ⅰ四・一一)」と正論を伝えたところで、相手はそれ以上話したくなくなるだろう。まず何よりも、対話の相手の言葉に十分聴くことが必要なのである。トゥルンアイゼン自身は、実践家の理論としての第二次理論の次元では、そのことを十分に理解していた。しかし、理論家の理論としての第三次理論において、神の聖性、特殊性を強調し、神の判断と人間の判断を二者択一的に捉えて、神の啓示による認識以外のものを「断絶」の向こう側に位置づけ、聖書も牧会者も高いところに位置づけられた。このことが、結果的に対話の相手との間に埋められない「断絶線」を引いてしまうこととなった。

この点に関して、カウンセリングの方法論や対話の理論は、トゥルンアイゼンの「断絶線」がもつ実践的な問題を修正する役割を担い得ることも明らかとなった。牧会に携わる者は、牧会的対話において相手の話を聴く姿勢、相手を重んじる姿勢を、心理カウンセリングの方法論や対話の理論から学び続ける必要があるだろう。

本章ではさらに、トゥルンアイゼンの「断絶線」の概念に対する批判が、いかにして理論と実践の乖離ではなく、それを乗り越えるものとなることが可能かということについて検討するために、教育学のヴェーニガーの理論を通して考察を行った。心理学や対話の理論の立場に立って批判を行ったシャルフェンベルクやクルツは、実践的対話における「断絶」の態度に対する問いを投げかけることには成功したものの、トゥルンアイゼンの「断絶線」の根本的な神学的意図に関して、議論を展開することができなかった。シャルフェンベルクの批判においては、実践家の理論としての批判と提言をすることはできても、理論家の理論に対する対話的姿勢に乏しいために、理論と実践の対立を深めるだけであった。クルツの批判においては、トゥルンアイゼンの「神の前もっての判断」などの第三次理論との対話を試みているが、抑圧の概念との類似性に注目するなど、自らの理論を土台とした議論の展開になっており、対等な対話とは言えない。トゥルンアイゼンの「断絶線」の概念において意図したことを十分に理解しつつ、それを乗り越えていくには、第三次理論における、神学的理論との対等な対話の姿勢が必要である。それには、トゥルンアイゼンが根本的に意図したことを現代において再度受け取り直すことが重要である。

著者は、今日のわたしたちが牧会学を展開していく時、改めてトゥルンアイゼンが「断絶線」の概念において意図したことから学ぶ点があると考える。ランダウ[62]は、トゥルンアイゼンが断絶線の概念においてしたことは、「断絶（Bruch）」の気づきであると述べる。神の判断の前に、人間の判断には限界があることを徹底的に認識すること、それを「断絶線」の概念によって基礎づけたことがトゥルンアイゼンの功績であろう。そして、この「断絶線」を越えて働く神の働きを求めることが重要なのである。

しかし、トゥルンアイゼンの牧会学の概念の抱える問題点を無視することはできない。神の言葉の「告知」に固執し過ぎて、独断的な対話になり、相手の言葉に十分聴くことができないという問題点を克服するためには、神の言葉の神学のもつ縦方向の理論ではなく、聖霊論的な横方向の理論によって対話的に乗り越えていく必要があることが示唆された。この横方向の視点によって、対話のプロセス及び目的を、どのように理論づけることが可能かという課題が挙げられる。また、あまりにも高いところに位置づけられた、聖書や牧会者の位置づけを、どのように理論づけることができるかという課題も残されている。このような視点をもって、トゥルンアイゼンと対話し、「断絶線」を越えて働く神の働きを追求する牧会学については、次の章で議論される。

また、本章の議論において、臨床心理学との対話が牧会の実践にもたらす役割も明らかになった。他の分野との間に「断絶線」を引いて対話を行わないことは牧会学にとって有益ではない。他の分野と牧会学の違いを明確に認識しつつ、両者を活かす姿勢が求められる。しかし、カウンセリングの理論は、実践に対する対話的議論を行う際には有益であるが、第三次理論としての理論的対話を行うには限界がある。また、精神分析的議論との対話は、神の言葉の神学と同じ縦方向の理論の方向性をもっている。対話のプロセスを論じることのできるアプローチとの対話が有益であろう。四章では、対話のプロセスを議論するための二つのアプローチとの対話を試みる。他方、心理カウンセリングや対話の方法論に比べると、神学的認識は目に見えず、その実際の効果を認識しにくい。それゆえ、臨床心理学との対話を行うことと平行して、牧会とは何か、牧会において何が行われているのかという問いを新たに問うことが重要である。そうでなければ、いつの間にか牧会の独自性は消えてなくなってしまいかねないのである。

第五章では、改めて牧会とは何か、牧会的対話のプロセスにおいて神はどのように働かれているのかという問いを扱い、トゥルンアイゼンの「断絶線」の概念を越える、牧会の独自性のかなめとなる概念を言語化したい。

注

1　加藤常昭他『福音主義神学における牧会』、いのちのことば社、二〇〇三年　越川弘英・松本敏之監修『牧師とは何か』、日本キリスト教団出版局、二〇一三年などが見られるが、これまでの神学を踏まえて新たな議論を展開するというよりは、代表的な古典を引用するに留まっている印象を受ける。

2　者が見る限り、牧会学の古典と呼ばれるものに関して批判的に論じている文献はほとんど見られない。

3　「弁証法神学」は、「危機神学」「神の言葉の神学」とも呼ばれる。一九二三年に、バルト、トゥルンアイゼン、ゴーガルテンによって創刊された隔月雑誌『時の間』は、「弁証法神学」の立場を世に表す手段として評判を得ていた（K・クーピッシュ『現代キリスト教の源泉2　カール・バルト』宮田光雄、村松恵二訳、新教出版社、一九九四年、七二―七三頁参照）。

4 トゥルナイゼン『牧会学』、一一二頁参照。

5 同右、七二頁。

6 Eduard Thurneysen, Rechitfertigung und Seelsorge, *Zwischen den Zeiten* 6（1928）, in Hrsg.: Friedrich Wintzer, Seelsorge:Texte zum gewandelten Verständnis und zur Praxis, Chr.Kaiser Verlag,1978, S.86.

7 トゥルナイゼン、前掲書、八〇頁参照。

8 同右、八四頁参照。

9 Thurneysen, *Rechitfertigung und Seelsorge*, S.85.

10 バルトとトゥルンアイゼンの往復書簡において、バルトは、国教会がヒトラー政府に妥協していたのに対し、告白教会の国教会に対する態度を、「決定的な断絶」と表現している（Cf.21.April 1935 Note17, In *Barth-Thurneysen Briefwechsel*（1930―1935, S.867）。

11 トゥルンアイゼンが一九二七―一九五九年に牧会していたバーゼルでは、敬虔派運動が盛んであった。彼は、敬虔主義的態度は、人間の内的な声を聖霊の声と取り違える危険があると批判的に捉えていた（R・ボーレン著・加藤常昭訳『預言者・牧会者エードゥアルト・トゥルンアイゼン（下）』、教文館、二〇〇三年、一八頁、七四頁参照〔Rudolf Bohren, *Prophetie und Seelsorge Eduard Thurneysen*, Neukirchener Verlag,1982.〕）。

12 トゥルンアイゼンが対話の相手として主に考えていたのは、フロイト、アドラー、ユングなどの心理学及び精神分析学、及びボヴェーやトゥルニエなどの医師の著作などであった。こうした著作から大いに学ぶべきであるとしつつも、決定的な認識は神の言葉から与えられると考えていた（トゥルナイゼン、前掲書、二五四―二五五頁参照）。

13 加藤氏によれば、R・ランダウはR・ボーレンのもとで説教学の研究を行っており、教会の牧師、及びハイデルベルクのペーターシュティフト牧師補研修所で説教学を教えていた（R・ランダウ編・加藤常昭訳『光の降誕祭：二〇世紀クリスマス名説教集』、教文館、一九九五年、一頁参照）。

14 Cf.Rudolf Landau, „Bruchlinien" —Beobachtungen zum Aufbruch einer Theologie：Erinnerungen an die Theologie Eduard Thurneysens, *Evangelische Theologie*, 45, 1985, S.140.

15 Cf., ibid.

16 トゥルナイゼン、前掲書、一六一頁。

17 同右、一六二頁（著者はトゥルンアイゼンがこの „Vor-" という接頭語に、予定論的「前もって」の意味を含ませた意図は理解できるが、この語が牧会者の優越性をも含む機能を担ってきたのではないかと考える）。

18 実際に、トゥルンアイゼンは精神医学や心理学から良く学び対話する人であった（ボーレン『預言者・牧会者エードゥアルト・トゥルンアイゼン（下）』、一九九―二〇〇頁参照）。

19 トゥルナイゼン、前掲書、一六三頁。

20 同右、一六三頁参照。

21 同右、一六四頁参照。

22 同右、一六二頁。

23 同右、一六三頁参照。

24 同右、一八三頁参照。

25 同右、一七九頁参照。

26 同右、一八〇頁。

27 同右、一六七頁。

28 同右、一六八頁。

29 ボーレン『預言者・牧会者エードゥアルト・トゥルンアイゼン（下）』、一九二頁。

30 同右、二〇八頁。

31 トゥルナイゼン、前掲書、一七〇―一七一頁。

32 同右、一七一頁。

33 Joachim Scharfenberg, *Seelsorge als Gespräch*, Vandenhoeck & Ruprecht, 1972, S.9.

34 Ibid., S.10.

35 Cf., ibid.

36 Ibid.

37 Ibid, S.64.

38 Cf., ibid, S.17.

39 Ibid.

40 Cf., Wolfram Kurz, Der Bruch im seelsorgerlichen Gespräch : Zum Sinn einer verfemten poimenischen Kategorie, *Pastoraltheologie*.74（10）,1985, S.444.

41 Cf., ibid, S.440－441.

42 Cf., ibid, S.441.

43 Cf.,ibid.

44 Cf., ibid, S.444.

45 クライエント中心療法は、C・ロジャーズによって提唱された心理療法の一つであると同時に、カウンセリングの様々な立場の共通な基盤となっている。代表的著作は、一九四二年の『カウンセリングと心理療法』及び一九五一年の『クライエント中心療法』である。そこでは、クライエントの効果的な治療にとって、カウンセラーの「共感的理解」、「無条件の肯定的関心」、「自己一致の態度」が重要な条件であるとされる（横溝亮一「クライエント中心療法」、佐治守夫・飯長喜一郎編『新版　ロジャーズ　クライエント中心療法：カウンセリングの核心を学ぶ』、有斐閣、八〇頁、及び「編者まえがき」参照）。

46 Cf., Kurz, op.cit., S.442-443.

47 トゥルナイゼン、前掲書、一七六―一七七頁参照。

48 Cf., Kurz,op.cit., S.443.

49 Cf., ibid., S.449.

50 Ibid., S.451.

51 Ibid.

52 Erich Weniger（1894-1961）「精神科学的教育学」の代表的人物。ドイツ、ニーダーザクセン州のシュタインホルストに、プロテスタントの牧師の息子として生まれた。チュービンゲン大学で歴史学を学び、第一次世界大戦に出兵。その後ゲッティンゲン大学で哲学的教育学の影響を受け、『歴史教授の基礎』(*Die Grundlagen des Geschichtsunterrichts*,1926) を著している。一九二九年にキールの「教育アカデミー」(Pädagogische Akademie) の教育学および哲学の教授として迎えられ、さらにハンブルク・アルトナーの教育アカデミーの校長、およびフランクフルト・アム・マインの教育アカデミーの校長を務め、一九三三年ナチス政権下に入り、休職を命じられている。一九四五年に、ゲッティンゲン教育大学の学長に就任。『歴史教授における新しい道』(*Neue Wege im Geschichtsunterricht*, 1949)、『理論と実践における教育の独自性』(Die Eigenständigkeit der Erziehung,1954) などを著している (宮野安治「ヴェーニガー教育学の世界 (Ⅰ) ―教育における理論と実践」『教育学論集』第二七号、一九九九年参照)。

53 Erich Weniger Theorie und Praxis in der Erziehung, in Erich Weniger *Ausgewählte Schriften zur geisteswissenschaftlichen Pädagogik*, Beltz Monographien,1975.

54 宮野安治、前掲書、四六頁参照。

55 同右、四七頁参照。

56 同右、四七頁 (Erich Weniger, op.cit., S.33ff.)。

57 山﨑高哉「理論と実践との融合をめざす教員養成―大阪総合保育大学の挑戦を中心に―」『大阪総合保育大学紀要』第八号、二〇一三年、四六頁参照。先述の宮野氏は、「第一段階の理論」、「第二段階の理論」と訳しており、「これは『直接的な所与からの距離』を示すのであって、決して『位階秩序』を表すのではない」(宮野、前掲書、四七頁) と言っているが、山﨑の訳の方がそのニュアンスを伝えていると考え、山﨑の訳を用いることとした。

58 Erich Weniger, SS.16 — 17.
59 山﨑、前掲書、四六頁参照。
60 宮野、前掲書、四八頁（Erich Weniger, S.42)。
61 山﨑、前掲書、四七頁参照。
62 Cf., Landau, S.141.

第四章　ヘルムート・タケの「聖書に方向づけられた牧会」

前章では、牧会を、神の言葉の宣教とのかかわりでとらえる立場に立つ流れの中で、いわば古典とも言われる、エードゥアルト・トゥルンアイゼンの「断絶線」の概念をめぐる議論を見ることを通して、牧会の独自性についての考察を行った。「断絶線」の概念において、トゥルンアイゼンは、神の判断の前に、人間の判断には限界があることを牧会的対話において一貫して説明することを試みた。しかし、この概念は、上から語られる神の言の「告知」に固執し過ぎることで、実際の対話において、一方的で独断的になり、対話における自由が十分に確保されないこと、また相手の言葉に十分に聴くことができなくなる可能性を、神学的に排除できていないことが示唆された。また、これまでのトゥルンアイゼンに対する批判が、理論と実践の対立を深めていたのに対し、教育学の立場から、どの実践にも「理論」が含まれていると捉えるエーリッヒ・ヴェーニガーの理論が、いくつかのポイントを提供してくれた。その上で著者は、前章の最後に、神の言葉の神学やフロイトの精神分析が[1]、構造的に縦方向の性質をもつ理論であるのに対し、横方向の性質をもつ、歴史的・聖霊論的理論によって、トゥルンアイゼンのもつ弱さを乗り越えていくことが可能なのではないかと考えた。そして、歴史的・聖霊論的視点によって、対話のプロセスや、対話の目的、あるいは聖書の位置づけを、どのように理論づけることができるかということが課題として挙げられた。また、歴史的・聖霊論的なアプローチによって、牧会の独自性を再検討するならば、これまでの牧会が対話の相手としてきた心理学との関係は、どのように考えられるのだろうかという問いも立てられる。

牧会を、神の言葉の宣教とのかかわりでとらえる立場に立ち、トゥルンアイゼンが「断絶線」の概念で意図していた、「断絶線」を越えて働く神の働きを追求しつつ、その一方で、歴史的・聖霊論的な横方向の神学において、トゥルンアイゼンを対話的に乗り越えようと試みたのが、ドイツの牧会学者ヘルムート・タケである。タケは、トゥルンアイゼンを批判的に継承し、また心理学とも対話を行いながら、「聖書に方向づけられた牧会」を提唱した。また、タケの弟子のペーター・ブコウスキーは、これを発展的に継承している。

本章では、トゥルンアイゼン、タケ、ブコウスキーにおける、牧会的対話についての議論の流れを追いつつ、そこに表れてくる聖書の位置づけ、牧会的対話の目的、および心理学との関係について、比較検討を行う。その上で、福音の告知（Verkündigung）に固執するのでもなく、心理カウンセリングと同一化するのでもない、牧会の独自性としての聖書に方向づけられた牧会についての考察を試みる。

第一節　聖書の位置づけ

（１）上からの言葉としての聖書の位置づけ

トゥルンアイゼンは著書『牧会学』（一九四八年）の中で、牧会的対話は、神の言に由来し、神の言の告知（Verkündigung）を目ざすものであると定義している。[2]すなわち牧会は、教会の礼拝において説教が語られていることが前提とされ、そして牧会者も対話の相手も共にその説教を聴いているということが前提とされている。そして説教が一方的に語られるのに対し、牧会は対話を通して、その語られた言葉が真に聴かれるということが目指される。

この､神の言に由来し､神の言の告知を目ざす､トゥルンアイゼンの牧会の告知の構造において、「神の前もっての判断[3]（das göttliche Vorurteil）」が重要な位置を占める。この神の判断は、一切の人間の判断を超越している。[4]神の判断と人間の判断との違いを強調するために、トゥルンアイゼンは「断絶線」の概念を用いた。すなわち、神の言の告知においては、断絶線を越えて神が働くのである。そして、この告知は「イエス・キリストにおける罪の赦しの伝達を唯一の内容[5]」としていることが前提条件であるとされ、このことが、対話を牧会的なものとすると考えられる。[6]この「唯一の（alleinigen）」という言葉に、牧会が罪の赦しの伝達であることの優先性及び排他性が含まれている。ここには、牧会において真の慰めは罪の赦しからくることを理論的に強調することによって、臨床心理学などの他領域の実践における対話の内容とは区別された、真の牧会を定義する意図がある。[7] しかし同時に、この「唯一の」という言葉が、実践においても一種の強制力をもってくる可能性を含んでいる。牧会において、「あなたの罪は赦された」という告知の言葉を語ることの方が、対話の相手の話を聴くことよりも優先される可能性を排除できない。牧会的対話において、人間の思いを越えて罪の赦しが告知されることは、慰めをもたらす。しかし、牧会的対話の実践において、理論と実践の質的な区別が認識されないまま、罪の赦しの告知のみが主張されるならば、告知に固執した牧会実践にならざるをえない。

牧会は神の言に由来し、神の言の告知を目指すものであるとして、徹底して神の言の閉じた循環に固執することの背後には、「罪ある人間」が神の言を語り、聴くことは可能なのか？という問いの上に立つがゆえの危機意識、畏れの意識がある。トゥルンアイゼンは、「罪ある人間」の行う対話において神が語られるためには、上からの統制力が必要であり、「聖書における神の言こそ、このような統制力、また法廷を意味している」[8]と述べる。このように、トゥルンアイゼンの牧会学は、告知の構造の中にあって、聖書は上からの言葉として位置づけられており、人間の言葉との間の質的差異が強調されている。真の慰めを理論的に定義することは重要である。しかし、このことが排他的に強調されるならば、人間の声に耳を傾けることや、対話のプロセスが犠牲にされてしまうのである。

（2）関係の言葉としての聖書の位置づけ

このトゥルンアイゼンの牧会学における問題を修正するため、対話の視点に注目しながら聖書の位置づけを捉えなおし、「聖書に方向づけられた牧会」を提唱したのが、ヘルムート・タケである。この論考の中でタケは、「断絶線」という概念を特別に取り上げてはいないが、[9] 明らかにこの概念を前提にした議論を展開している。タケは、神の言葉の告知を目指す牧会における対話の位置づけについて、シャルフェンベルクの言葉を借りて「あらかじめ定められたことを……伝えるために対話をただ使用するだけ[10]」であり、権威主義的であると指摘する。すなわち、神の言葉の告知という目的のための単なる手段として対話が位置づけられていることを批判する。その上で、告知の構造において聖書を位置づけるのではなく、対話の構造の中に聖書を位置づけ、牧会的対話の自由な展開を妨げることなく対話の中に聖書をもたらすこと（Einbringen）について考察している。[11] タケは、対話それ自体のプロセスを大切にしながら、対話の中に聖書が混じりこむことの可能性について追求するのである。このとき、聖書は宣教的な要素をもつために、対話にそぐわないものではなく、むしろふさわしいものであると考えられる。その根拠として、聖書そのものが対話的構造をもつことを挙げている。特にタケは、ヘブライ人への手紙において、しばしばヘブライ語聖書を引用している構造に注目する。そして、この構造は、「〝伝統〟の声が、〝状況〟の声と……出会い、混ざり、そして特別に強い牧会の力となって互いを結びつける[12]」ものであると特徴づけ、これは今日の牧会的対話が手本とすべき構造であると述べる。

この考えの背後には、その当時聖書学の議論の中心に置かれていた、様式史研究における〝生活の座（Sitz im Leben）〟の視点がある。[13] この視点によって、言葉の背後にある口頭伝承の過程に注目し、そこにおける多様な文脈に目を向けるとき、現代の人間の状況と重なり合う状況が見えてくる。[14] そこにタケは牧会の源泉を見いだそうとしているのである。トゥルンアイゼンは、神の言の啓示が人間のすべての営みに対して超越することを主張し、[15] 牧会的対話も、この上からの啓示に由来すると考えるのに対し、タケは、歴史的批判的研究によって近づくことが可能となった「生活の座」、すなわち歴史における人間と神との対話的関係の中に、牧会の源泉を見いだしている。[16] ここに、トゥルンアイゼンとタケの大きな違いを見いだすことができる。タケは、文字としての聖書ではなく、関係としての聖書を見る。[17] すなわち、聖書が成立した時代の人々と神との関係においてもつ言葉の意味が、今の時代において目の前で対話をしている人と神との関係の中に入り込んで来るとき、そこに牧会的な意味が生じうると考えるのである。このように、関係の言葉として聖書を見るとき、聖書の中の神と人との関係と、今日の神と人との関係がどのように結びつくことが可能かということに関心が注がれるのである。

一方、タケはトゥルンアイゼンと同様、神と人間の差異について強調する。タケは、聖霊と人間の霊は等価値ではないと言う。[18] 人間の霊と神の霊は結びつくのだが、その主導権は、神を探し求めている人間にあるのではなく、人間を探し求めている神にあるのだと。[19] 聖書が真の助けを提供するのは、危機的な人間、霊の砕かれた人のところに慰めとして語られる時なのである。

（３）人生の助けとしての聖書の位置づけ

タケの「聖書に方向づけられた牧会」を継承しつつ、タケの議論が抽象的で実践に適応しにくいことを指摘し、より具体的な理論を展開しているのが、タケの弟子のペーター・ブコウスキーである。

ブコウスキーは、タケの牧会理論のキーワードの一つである「神の名の保護領域（Schutzbereich des Namens）」を取り上げ、この概念をシンプルに聖書の言葉を用いて表現する。それは、聖書の中心的メッセージとしての、出エジプト記三章一四節「わたしはある。わたしはあるという者だ」、および一二節「わたしは必ずあなたと共にいる」である。[20] ブコウスキーは、タケのように牧会的対話における聖書のもつ役割や意味を理論づけることよりも、むしろ実践において、聖書がどのような効果をもたらすのかということに関心をもっている。聖書が牧会的対話にもたらす効果について、ブコウスキーは次のように述べる。「一人の人を福音の光において知覚することは、わたしがその人に対してオープンであること、そしてもしそれが成功したら、その人のヴィジョンがさらに成長する道にも、重要な貢献をなす[21]」。すなわち、福音のパースペクティヴからその人を見ることによって、牧会者は、目の前の人に対する見方を自由にされ、神がその人を見る視点で見るように変えられる。このことが、対話における態度をよりオープンなものにさせる。牧会者がオープンな態度で対話に臨むことで、目の前の人のもっている力を自由に発揮し、そのヴィジョンを展開させることへとつながるということである。この言葉は、カール・ロジャーズのクライエント中心療法のセラピストの条件を思わせる。ロジャーズは、クライエントの成長のためのセラピスト側の条件の一つとして、「無条件の肯定的配慮[22]」を挙げている。クライエントの表現を肯定的に受容することが大切なのである。ブコウスキーの言う「その人に対してオープンであること」は、この「無条件の肯定的配慮」に対応するものであると考えられる。そして、対話の相手を聖書の福音の光において知覚することが、相手に対する肯定的受容の態度で臨むことの助けとなるという。確かに、牧会的対話における聖書がもたらす効果の説明としては分かりやすい。しかし、そこには何かが足りないのである。

また、ブコウスキーは、対話の中に聖書をもたらすことの弊害についても強調している。「牧会は、我と汝の間の自由な出会いである。したがって、なんとかして働きかけるか、物を横領することによって我をつかまえることではない。すべての形式を前にして、霊的動機をもった横領は、本来的にあり得ない[23]」。こう述べて、牧会的対話において、教会に招くことや信仰を強要することなど、牧会者側の目的のために対話を利用することがあってはならないと警告する。そして、「わたしたちの使命（わたしたちがすべきこと）と、わたしたちに与えられている約束（わたしたちが聖霊から求めること）を区別する[24]」ことを求める。そして、わたしたちがなすべき牧会の努力を怠り、すぐに約束の側に、すなわち聖霊の働きにゆだねてしまう牧会者の態度を批判する。また、聖書を対話にもたらすことが、牧会者にとって重荷となってしまうことがあることを指摘し、聖書が対話の中にもたらされないとしても、「最後には、わたしたちの努力が人生の助けになりさえすれば、失敗として記録される必要はない」[25]と語る。こうしてブコウスキーは、聖書を対話の中にもたらさなければならないという束縛から、牧会者を解放する。ブコウスキーは、牧会的対話において聖書を用いることの弊害を主張したことは評価すべき点である。しかし、依然として実践の理論の段階で批判をしているに留まる。対話における聖書の位置づけについて、牧会神学的に語り直すことを通して、これらの問題を克服することはできないのだろうか。

牧会を神の言葉の宣教とのかかわりでとらえる立場に立つ、トゥルンアイゼン、タケ、ブコウスキーの牧会理論における聖書の位置づけについて比較しながら見てきた。トゥルンアイゼンは、牧会的対話を神の言葉に由来し、神の言の告知を目指す、告知の構造としてとらえる。その中にあって、神の言葉は統制力をもつ上からの言葉として位置づけられていた。そこにおいては、人間の心理的変化や敬虔的行為の有無など、人間の判断に線を引き、人間を越えて働く神の言としての罪の赦しを強調することによって、牧会の独自性が理論的に主張されていた。しかし、そのことが実践において、罪の赦しの告知をしなければならないという強制力を与える可能性や、権威主義的傾向を招き、対話の相手の話に十分耳を傾けなくなるという問題を含んでいることが示唆された。

タケは、このトゥルンアイゼンの牧会理論のもつ問題を、告知の構造ではなく対話の構造の中に聖書を位置づけることによって修正することを試みた。「聖書に方向づけられた牧会」において、タケは聖書を神と人との関係の言葉として捉え、牧会的対話の自由を妨げることなく対話の中に聖書をもたらすことの可能性について追求した。このタケの理論の背後には、生活の座に接近し、そこにおける神と人間の関係の文脈に牧会の源泉を見いだそうとする試みが存在する。当時盛んであった様式史研究という聖書学的アプローチを用いて聖書の文脈に接近することにより、牧会の源泉をつかむというアプローチは、今日の牧会学においても有益な示唆を与えるだろう。しかし、果たしてこの方法が聖書全体に対して言えることであるかは疑問が残る。また、今日の聖書学のアプローチとの対話の可能性についても検討の余地があるだろう。

タケの理論を継承したブコウスキーも、トゥルンアイゼンの牧会理論のもつ問題の修正を試みた。そして「聖書に方向づけられた牧会」を、より具体的に検討している。しかし、具体的でわかりやすくなった半面、トゥルンアイゼンが強調した「断絶線」を越えて働く神の働きや、人間の霊の砕かれたところに神の霊が働くという、タケが注目していた側面は重要視されていない。この三者の違いについて、対話の目的の面からも比較してさらなる考察を行う。

第二節　牧会的対話の目的

（1）目的：神の言の告知

トゥルンアイゼンにとって、牧会的対話の目的は「神の言の告知」である。このことは、牧会者によって聖書の言葉が語られるという行為だけを意味するのではない。その前提には、「罪ある人間に、神の言を聞き、あるいはこれを伝えるということは、一般に、いかにして可能なのであろうか」[26]という牧会者にとっての実存的な問い、あるいは危機[27]（eine Krisis）がある。牧会者には、自分自身の言葉によっては、神の言葉を伝えることなどできないという畏れがある。また、対話の相手には、神の言を聞くことができないという弱さがある。しかし、それらを越えて、両者に対し、「一種の統制力」をもって神の言が上から迫ってくる、そのような出来事が目指される。

この神の言の告知の内容および目的は、罪の赦しである。[28]牧会的対話によって、罪の赦しによる平和が与えられることが目指される。魂の平和は、「神がイエス・キリストにおいて、その力強く、恵みに満ちたみ手を置いてくださった者とみなされ、そのようなものとして呼びかけられることによって[29]」実現する。聖書において、この対話の目的が達成されている例として、イザヤ書の冒頭（一章一―二〇節）が取り上げられる。神に対する誠実さを失い、かたくなになっている民に対し、神ご自身は約束に誠実であり、「あなたがたの罪がたとえ緋のようでも／雪のように白くなる」（一章一八節）と告げられる。このような赦しの伝達が牧会において目指される。しかし、牧会における対話の内容及び目的は多様なものがあり、対話のプロセスの中で赦しがテーマになることもあるが、牧会的対話のすべてがそこに行きつくとは限らない。むしろこのような一つの内容に絞り込む理論が権威をもち、多様な対話の内容や目的を排除してしまう可能性がある。また、具体的な対話の実践との距離は遠く、実践的な展開はそれぞれの牧会者にまかされる部分が大きい。

トゥルンアイゼンの対話の目的は、神の言葉と人間の言葉の差異性が強調されているのであるが、聖書の位置づけでも考えられたように、「神の言の告知」という目的が優先され、対話のプロセスを乗り越えてしまい、対話の相手が十分に語ることができないという実践的な問題を排除できていない。

また、牧会的対話の目的が、説教が語られている教会共同体という場に限定されているところに限界がある。説教を中心とした、神の言を告知することを目指す共同体が対話の場である。牧会的対話は、この説教の果たす役割の延長として、個人に神の言を告知することを目的とする。[30]しかし、教会共同体に限定された目的は、信仰共同体がもつ影響力の弱くなった現代社会、特に日本のような非キリスト教国においては現実的ではない。

(2) 目的：信仰の助け

一方、タケにとって牧会的対話は、教会における説教の延長などではなく、「〈教会に無縁な者たち〉にまで届く、おそらくただひとつの腕[31]」である。タケは、神の言の宣教という教会共同体の目的とのつながりの中で牧会を考えている。しかし、タケが牧会を「ただひとつの腕」と表現するとき、牧会は教会共同体それ自体の目的に仕えるのでも、説教の補助手段なのでもない。第一に神の目的に仕えるものであり、教会共同体や説教とつながりつつも、自立したものとして牧会が機能しうることを示唆している。

タケは、「聖書に方向づけられた牧会」の中で、牧会的対話が罪の赦しを告知することを目的とするトゥルンアイゼンと同じ立場に立っている。[32]「人は自分自身で自分を義と認めることはできないので、義認は人に語られなければならない」[33]。しかし、罪の赦しの告知という目的が優先されて、対話のプロセスを乗り越えてしまい、相手が十分に語ることができなくなってしまうというトゥルンアイゼンの理論のもつ弱さを修正し、聖書物語によって、黙り込んでしまった人が語る助けを与えること、宣教的な「あなたの罪は赦された」という決まり文句ではなく、義認はむしろ聖書物語の中にあり、聖書物語それ自体が伝えるようになると、タケは考えた。[34]縦方向のアプローチから、歴史的・聖霊論的な横方向のアプローチへの転換である。上からの言葉としての聖書が突入してくるのではなく、それ自体が対話的性質をもつ、神と人との関係の言葉としての聖書が、対話のプロセスに同伴することを通して、対話の相手が語るようになり、また聴くようになるのである。このように、牧会的対話の中に聖書が届けられ、同伴し、混じりこむ対話は、どのように行われ、また何を目的とするのであろうか。

タケが挙げている対話の例に、次のようなものがある。

牧師の訪問をうけたドクターEは、かつて様々な音楽を演奏していた。牧師は、多くの楽譜が棚の上にあるのを見て、次のように質問した。

P　われわれがここでどれほどの音楽に囲まれているのか、あなたは十分にご存知なのですか？

E　なんてこった。かなり少ないと思いますよ。私の長い人生は、そのために十分ではありませんでした。（しばらく黙る）私は音楽が実際にどのように聞こえるのか全くわからないのです。

P　ラジオかレコードでよく音楽を聞きますか？

E　いいえ。ご存知ですか？私の聴覚はかなり悪くなっているのです。もう年老いてしまいました。（しばらく黙る）ご存知ですか？毎晩わたしは上に向かって言うのです。明日、私を再び目覚めさせないでくださいと。

（牧師はその答えや反応の難しさを感じ、すぐに黙る。―最後の言葉の示すサインを聞き流すことはできない。しかし、何と言えば良いのだろうか？「少なくとも、あなたの認識は十分に明快ですよ」というべきか？「あなたは、感謝することがたくさんありますよ」とでも言うのか？牧師は、自分の経験から語ることもできない。彼は、ドクターEのちょうど半分の年齢だったのである。彼は助けとなりうる聖書の人物によってこの困難な状況から抜け出ることを考えた。）

P　ちょうどアブラハムのことが思い浮かびました。アブラハムも、やはり歳を重ねていました。彼についてこう語られています。彼は歳をとり、満ち足りて（lebenssatt）死んだ[35]、と。

E　（とても生き生きして）そうなのです。人生はもううんざり（Lebenssatt）なのです。それはわたしも同じです。もしこのように言うことができたなら・・・。わたしの人生はもううんざりですと（Ich habe das Leben satt）。

Ｐ　（この解釈にびっくりして）あなたがおっしゃったことに感銘を受けました。ですが、わたしはいつも、アブラハムに全く別の理解をしています。すなわち、彼は人生に満足するようになったのです（er vom Leben satt geworden）。

Ｅ　それはどういうことですか？

Ｐ　アブラハムは、彼の長い人生を振り返っていました。そして、価値があった（es hat sich gelohnt）と考えたのです。

Ｅ　（少し笑いながら）はて、彼が言うように価値があるなら、まだ過ぎ去っていないのではないですか。彼は流浪の民であったし、最後までそうであった。そして、実際にたどり着くことはなかったじゃないですか。

Ｐ　しかし、神は外面的にもアブラハムを祝福された。彼は、たくさんの雇い人と多くの家畜をもっていた。

Ｅ　アブラハムの神への信仰が確かだったからですか？

Ｐ　わかりません。ときどき、アブラハムは神を忘れて、自分の道を歩んでいました。

Ｅ　それでは彼の人生において何がよかったのですか？

Ｐ　神がアブラハムを見捨てなかったということだと思います。

E　それは偉大な言葉だ。わたしはそのように言うことができなかった。（しばらく黙って）しかし、もし人がそのように振り返って考えるのなら―私にも役立っただろう。（しばらく黙って）本当に、もう過去を振り返るのをやめた。もう思い起こさなければいいのだが。それはあまりよくないことですね。[36]

ここでは、ドクターEの言葉をきっかけに、アブラハムの物語、特に人生の最後の時期を迎えているアブラハムが、自分の人生を振り返る言葉についての解釈が話題の中心になっている。Lebenssatt（満ち足りて）という言葉が、ドクターEの心に響き、彼はその時の心情を吐露することになる。しかしドクターEは同じ言葉を、人生にもううんざりしている（Ich habe das Leben satt）という全く異なる意味で解釈していた。そこで、牧会者が別の解釈を提示することによって、この解釈の違いが対話の中心になっていく。そして、「自分の人生に満足している」と語ることができるのは、アブラハムの側の条件や信仰の態度ではなく、「神がアブラハムを見捨てなかった」という、神の自由な行為の側にあるという視点を提示している。この事例の中で特に注目したいのは、アブラハムの物語を対話にもたらすことを通して、模範的な信仰の態度へと導こうとしているのではなく、神をどのように見るかという視点を提示しているということである。

タケは、聖書を対話の中にもたらすという牧会理論においては、信仰がその中心的役割を果たすと主張する。彼の著書『人生の助けとしての信仰の助け（Glaubenshilfe als Lebenshilfe）』において、信仰と牧会の関係について次のように定義する。「信仰とは関係概念」であり、「信仰においては、神の人間との関係や人間の神との関係が互いに結びつけられる」[37]。そして、この神と人間の関係の回復を助けること、関係の中に入れることが牧会における重要な役割である[38]。信仰の助けとしての牧会の結果、人間の人生において生じる事については、信仰の働き、信仰が与える影響として認識される[39]。タケにとって、牧会的対話の目的は、神と人との関係の回復、すなわち信仰の助けなのである。

（3）目的：人生の助け

この信仰の助けとしての牧会的対話というタケの理論から、強調点を変化させ、牧会において重要なのは信仰よりもむしろ人生の助けであると主張するのが[40]、ブコウスキーである。彼は「人生の助けとしての聖書は、信仰の助けの道を開く」[41]と述べて、人生の助けとして聖書を対話の中にもたらしたとき、結果として信仰の助けにもつながると説明する。

タケとブコウスキーは、共に聖書を対話の中にもたらすという牧会を考えていながら、一方は人生の助けとなることを第一の目的とし、他方は信仰の助けとなることを第一の目的としており、両者の間に優先順位の違いが存在している。このことは、牧会の実践においてどのような影響をもたらすのであろうか。ここで、ブコウスキーが挙げているアルコール依存症の人との対話の例を紹介する。

対話の相手は、嘆きの回路の中で堂々巡りをしているが、気の抜けたような目の中には、自己罵倒や自己憐憫に再び引き戻されることへの静かな決断があった。私に何を期待するのかと聴くと、彼は煮え切らない答えをした。一方では「どうにかしてよりどころを探す」と言い、他方では「しかしあなたは私に助言してくれない」と言う。しばらく間をおいて、私は言った。「あなたがそのように言うので、わたしはある物語を思い出しました。そこでその物語について話した。とても長い間重い病気だった患者がイエスと共にいた。彼はイエスに願った。「私を助けてください」イエスは応えた。「よくなりたいか」(ヨハネ五・六)この刺激から、対話は「願い」と「意志」の違いに進展した。…対話の相手が最後に質問した。「イエスは、今本当に病気を治すのですか?」そして対話はもう一度、信仰の対話としての方向で新たな転換をするのである。[42]

この例を見ると、

ブコウスキーは、対話の中に聖書をもたらすことは、対話に新たな転換をもたらす刺激になると考える。ブコウスキーは、対話の中に聖書をもたらす時、牧会者の側の目的に対する手段として対話が利用されることを警戒している。それゆえ、対話における自由を重視し、対話の相手の関心に応じて信仰の対話へと移っていくアプローチをとる。

前述の対話において、タケも聖書を刺激として対話に取り入れているので、実践的な意味で、二人の事例の間にそれほど大きな違いは見られない。しかしタケにとって聖書は、「対話に刺激（Anstöße）や、結びつけること（Verknüpfungen）や、テーマの拡大（thematische Erweiterungen）をもたらすだけでなく、神の牧会によって語ることもする」[43]ものである。対話における刺激として聖書をもたらすという方法に帰結すると、刺激―反応の行動理論のような機械的な構図に収まってしまう可能性がある。またその刺激は、必ずしも聖書でなくてもよいかもしれない。そこで最も重要なこととして、タケが神の牧会という関係性を前提として理解するところが、ブコウスキーとの違いとして明らかになってくる。

第二節では、トゥルンアイゼン、タケ、ブコウスキーの牧会的対話の目的について比較した。対話の目的は、神の言の告知であるとするトゥルンアイゼンは、罪ある人間に神の言を語ることができるかという分かれ目に立っていた。そこを乗り越えて罪の赦しが届けられることに、牧会の独自性を見る。しかし、対話の実践において「告知」という目的が優先され、牧会者の言葉が権威を帯びて、対話のプロセスを乗り越えてしまい、相手が十分に語れなくなってしまうという問題を、理論的に排除できていない。

このトゥルンアイゼンの問題の修正を試みた、タケの「聖書に方向づけられた牧会」において、牧会的対話の目的は信仰の助けである。ここで言う信仰とは、神と人との関係についての概念である。対話は、神と人との関係が互いに結びつけられ、関係が回復することを助けること、また神と人との関係の中に招き入れることを目的とする。「関係」を前提とすることで、神の側だけでなく人間の側の意思も尊重され、両者の対話的なプロセスが重要視される。タケにおいて、トゥルンアイゼンのような危機意識は見られないが、「関係」という概念を用いることによって、神と人との離れた関係を前提とすることは共通している。

一方、ブコウスキーは、対話の目的は人生の助けであると言う。人生の助けとして聖書を対話の中にもたらしたとき、結果として信仰の助けにもなると説明する。対話の目的は人生の助けであるというとき、キリスト教の文脈とは関係のない人との対話においても違和感なく受け入れることができる。しかし、牧会の独自性という点では曖昧である。ブコウスキーが聖書は対話に刺激をもたらすと言うとき、開かれた対話の性質が保たれ、対話の自由が確保されるが、必ずしも聖書でなくてもよいということになってしまう。対話のプロセスにおいては、自由が確保されつつも、トゥルンアイゼンが目的としていた、「神の働きとしての聖霊」、またタケの主張する「神の牧会」の概念を対話のプロセスにおいてどのように位置づけるかが、牧会の独自性にとって重要であることが示唆される。

第三節　心理学との関係

（１）心理学は補助学

さて、牧会的対話における聖書の位置づけと対話の目的について、比較して考えてきたが、牧会にとって対話の相手であり、常に議論のテーマとしても挙げられる心理学との関係についても比較して考えてみたい。

牧会は、神の言に由来し、神の言の告知を目指すものであると定義するトゥルンアイゼンは、心理学を「ひとつの補助学[44]」であると位置づける。すなわち、神の言によって与えられる人間理解を、さらに深め、明らかにするために心理学が助けとなると理解される。「牧会は、まさに卓越した補助手段である心理学を必要とする[45]」と述べられ、大いにそこから学ぶことが勧められる。トゥルンアイゼン自身も、心理学から多くを学んでいたのである。[46]しかし、トゥルンアイゼンは、「人間と、その状態についての決定的な認識は、聖書そのものから、与えられる[47]」と断言し、心理学に対する「聖書の優位性[48]」を主張する。また、「断絶線」の概念によって、神と人間の間の差異が主張されたように、心理学による人間理解と、聖書における人間理解の差異を明確にする。心理学は、「聖書よりくみとられた人間理解を害するおそれのある、本質の異なる、世界観的前提である[49]」とまで言う。

ここで、トゥルンアイゼンが述べる聖書の人間理解とは、人間の全体性の根源と本質とを、創造者であり救済者である神の言葉に向き合う者として見る。神の言に呼びかけられた者として、人間は魂と肉においてひとつである統合された、あるべき姿として生きるものと理解される。[50]このことを前提として、心理学的人間理解は、限界づけられるべきであると主張するのである。[51]

上からの言葉としての聖書が、対話において告知されることが目指される牧会においては、心理学は補助的な役割として限界づけられる。しかし、真の牧会、正しい牧会が強調されることによって、結果的に牧会における心理学の役割は見出されなくなる。トゥルンアイゼンの心理学との関係は、独自性を確保するためには有効である。しかし、心理学に対してあまりにも排他的になり、そこから得られる益をも排除してしまいかねない。

(2) 心理学から学びつつ、牧会の独自性を主張

一方タケは、心理学から学ぶことが、牧会にとって必要であることを主張する。タケは、魂への配慮についてのテーゼを残している。その中で彼は、心理カウンセリングを主体とする牧会の最も重要な貢献は、「〈クライエント中心〉、対話の相手を中心とすることを求めたこと」[52]であると述べる。そして、「教会が〈宣教の使命を委ねられている〉ことに固執することが、このような態度を取ることを妨げることがありうる」[53]と述べ、トゥルンアイゼンの牧会学に見られる弱さ、すなわち、宣教の使命が前面に出てしまうことへの弊害を分析し、相手を理解するためのみならず、対話の一方の側としての牧会者自身が心理学から教えられるべきであることを主張する。

その一方で、心理学に対しての鋭い批判も行っている。「現代の魂への配慮は、魂への配慮を必要とする人間を受容する過程を通じて、同時に、神によってそのひとが正当化されること「神

による義認」と「神によって義とされることを無視したまま」現実化しようとする。そのような仕方で、キリストの出来事が無視されたままになり、魂への配慮がメシアを指し示すべきことを視野に入れないままにしてしまう。むしろ、それを拒否せざるを得なくなることさえ起こるのである。神が人間と共にいてくださるということは、われわれ自身が共にいてあげるという態度を取ることとは異なった質のものなのである。[54]」

牧会において、神による義認ということが核心的な位置を占めるという理解は、トゥルンアイゼンと同様である。このことの重要性を認識しているがゆえに、カウンセリングによって人間が受容されることによって、神による義認が無視されることに対する危機を認識している。それだけでなく、牧会は、メシアを指し示すべきであるとの認識をもっている。それゆえ、牧会者自身がキリストになってしまうことによって、キリストが指し示されないことに対する危機意識をもっていたのである。

タケは、トゥルンアイゼンと比較すると、心理学から学ぶことの重要性をより強調している。カウンセリング理論から学ぶことが、牧会のもつ弱さを克服するために必要だと考えたからである。それと同時に、牧会が何をするのかを神学的に追求していたために、心理学と牧会との違いも明確であった。牧会において、神が義とすること、神が共にいることとはどのようなことであるのかを、理論と実践の両面から深めていくことが求められる。

（3）心理学によって対話を学ぶ

ブコウスキーは、心理的パースペクティヴと神学的パースペクティヴは、両方とも相手を理解するために貢献することができると考える[55]。ブコウスキーは、牧会者教育において、臨床牧会教育[56]のような、牧会者が自己と向き合う要素をもった訓練を取り入れることの必要性を主張[57]してきた。

ブコウスキーは、牧会者の自己と向き合う訓練における二つの経験を紹介している。一つは、対話の中に聖書をもたらさなければならないという告知のプレッシャーのもとにある牧会者についてである。そのような人に対しては、教育プログラムにおいて、逐語録を用いて牧会者の隠れた態度に気づかせる。ブコウスキーは言う。「牧会の対話的性質を無視しているところでは、聖書的メッセージは（人間的判断に従うならば）他者にとってほとんど助けになることができない[58]」。この確信をもって、対話にふさわしい形で聖書をもたらすことの訓練を行っている。一方で、もう一人の教育を終えたばかりの牧会者は、やはり告知のプレッシャーを前にして、対話の相手に福音を伝えることを控えるという決断をすると言う[59]。ブコウスキーは、質問した。「なぜあなたは病床訪問を詩編の祈りによって行おうと決めなかったのか」。すると、その牧師補は答える。「わたしはXさんを聖書で打ち負かしたくなかったのです[60]」。そのように、自分自身が告知のプレッシャーから逃げてしまっている牧会者に対しては、「多くの人は牧会者から、より多くの霊的な観点を待ち望んでいる[61]」と励ます。このように、ブコウスキーは、牧会的対話において、心理学的方法論から対話の方法を学び、より対話にふさわしい形で聖書を対話にもたらすことを実践している。その意味では、心理学的パースペクティヴと神学的パースペクティヴの両者をバランス良く取り入れていると言えるだろう。

ブコウスキーは、トゥルンアイゼンの「断絶」に対して批判するとき、前章で述べられたクルツの論文を引き合いに出し、「『牧会的対話における断絶』は、対話の邪魔をする基本的な要素である。[62]」と批判する。しかし、トゥルンアイゼンの批判の方法について、前章でクルツに対して指摘された点は、ブコウスキーにも同様にあてはまる。すなわち、実践の理論の全体がクライエント中心療法の説明に解消されてしまっているのである。トゥルンアイゼンの弱さを克服するために、クライエント中心療法が大きな役割を果たすことは確かである。しかし、牧会的対話の説明がクライエント中心療法の説明のみで完成され、牧会的対話において神学的に何がなされているのかは曖昧なままである。

トゥルンアイゼンは、心理学を「ひとつの補助学」であると位置づける。神の言によって与えられる人間理解をさらに深めるという目的において、心理学は助けとなると言う。しかし、心理学と聖書は対等ではなく、心理学に対して「聖書の優先性」を主張する。トゥルンアイゼンが心理学との間に断絶線を引き、真の牧会、正しい牧会をあまりに主張するゆえに、心理学に対しては否定的に見える。トゥルンアイゼンの心理学との関係は、独自性を確保するためには有効である。しかし、心理学に対してあまりにも排他的になり、そこから得られる益も排除してしまいかねない。

タケは、心理学から学ぶことの重要性をトゥルンアイゼンよりも強調していた。カウンセリング理論から学ぶことが、具体的な実践において、牧会のもつ弱さを克服するため、心理学に学ぶことの必要性を認めていたのである。それと同時にタケは、牧会において、神が共にいるということ、神による義認、牧会においてキリストを指し示すことなどについて考察を深め、牧会において神学的に何をするのかを考えていた。それゆえ、心理学と牧会との違いも明確であった。

タケの後継者であるブコウスキーは、心理学的パースペクティヴと神学的パースペクティヴの両方が、牧会において対話の相手を理解するために必要であると考えていた。しかし、実際はクライエント中心療法の方法に忠実であることに賢明であり、神学的考察に関してはそれほど関心をもって展開していない。結果的に、心理学的パースペクティヴが優位になってしまっている。

牧会における心理学との関係については、心理学の知見から多いに学ぶことが必要であることは議論の余地はない。心理学との境界線を定義づけるよりも、牧会において何が行われているのかを、神学的に考察することを深めていくことで、結果的に心理学に対する牧会の独自性が見えてくるのだと考えられる。

要約的考察

カール・バルトは、その晩年に自身の神学を修正する講演を行っている。すなわち、「上から垂直に」突入してくる絶対他者という表現や、神と人間とのあいだの「無限の質的差異」という表現は、あまりにも非人間的な言葉であったと[63]。その上で、「生ける神の神格性は（省略）人間とその歴史および対話の脈絡においてだけ――したがってその人間との共存においてだけ、その意味と力を持つものであるのに、われわれはそのことを、いささか見落としてはいなかったであろうか[64]」と振り返っている。

バルトと深い親交のあったトゥルンアイゼンの牧会学についても同様のことが言えるのではないだろうか。上からの言葉としての聖書を強調するあまり、人間の言葉に共感し、同伴することのできる聖書の人間性にあまり関心を払うことができなかったのである。

このバルトの反省を牧会学において展開したのが、タケであると言っても過言ではないだろう。タケが提唱した「聖書に方向づけられた牧会」において、神と人との関係としての聖書の位置づけは、聖書の神性と人性を共存させることに、ある程度成功していると言える。タケにとって聖書は、「ただ神の言葉というだけでなく、むしろ、率直な絶望や嘆きや非難の言葉をも取り出される人間の言葉でもある[65]」。事例にも見られるように、人間の嘆きや絶望に寄り添い、ありのままを受け止める。それだけでなく、聖書が対話の中にもたらされることによって、神との関係において神は人間にとってどのような存在かということに新たに目を向けさせる。牧会的対話において、対話に同伴する一人の人格としての神の存在が語りかける言葉が、牧会者の努力の限界を超えて働く神の牧会として、牧会的な力をもつのである。

トゥルンアイゼンと同様、タケも心理カウンセリングが牧会にとって必要であることを認めている。タケは具体的に、どのような点でカウンセリングが貢献し、どのような点で牧会とは異なるのかを明確に示した。それは、牧会において何をしているのかを常に神学的に考えていたからであろう。タケは、牧会者自身が聖書の言葉と結びついていることの重要性を指摘している。ここで言う結びつきとは、より厳密に言えば人格的な結びつきであり、逐語的な聖書の言葉との結びつきを意味しない。このような聖書の言葉の牧会的な力への信頼を強調したことは、タケの牧会学において最も評価すべきことである。

ここで注目したいのは、タケとブコウスキーの比較において見られた、信仰の助けから人生の助けへの聖書の位置づけのシフトである。ブコウスキーは、牧会的対話に聖書をもたらすことの実践的な問題を分析している。対話の中に聖書をもたらさなければならないという牧会者のプレッシャーや、牧会者側の目的の手段として牧会的対話が用いられることの弊害を指摘した。このことは、大いに問われなければならない視点である。しかし、ブコウスキーは、トゥルンアイゼンやタケが重要視していた、断絶線を越えて働く神の働きや聖霊の働きについては考察の視野に入っていない。ブコウスキーにとって、聖書は豊かな人生の本である[66]。それは、他の有益な本と代替可能であるかのような印象を受ける。タケが「聖書に方向づけられた牧会」を通して一貫して主張していたことは、対話のプロセスの中で、自分の主観と他者の主観が向き合って対話が行われると同時に、神の主観に心開かれていくことの、牧会的な意味なのではないだろうか。
タケの提唱した「聖書に方向づけられた牧会」から牧会の独自性として考えられることは、次のことであろう。すなわち、牧会者自身が、聖書の言葉と人格的に結びつき、聖書の言葉の牧会的な力に信頼していること、また牧会的対話のプロセスにおいて、神が共におられるということ、神による牧会、神による義認、そしてキリストを指し示すことに心を配っていることである。これらのキーワードがもつ意味について、具体的な実践において考察を深めることが重要であると言えよう。

注

1 フロイトの精神分析の後期には、〈意識―前意識―無意識〉といった意識の区分や、〈超自我―自我―エス〉といった自我の構造を基礎として自我論を展開した。前章で取り上げた、W・クルツは、この自我の構造を基礎として展開して、カール・ロジャーズのクライエント中心療法の方法論を用いた牧会と、トゥルンアイゼンの牧会学の構造の共通性を指摘して議論を展開していた。両者の共通性は、縦方向の構造にあると考えられよう。
2 トゥルナイゼン『牧会学』、一二一頁参照。
3 同右、一六二頁。
4 同右、一六二―一六三頁参照。
5 同右、一八三頁。

6 同右、一八三頁参照。

7 同じ章の中で『ハイデルベルク信仰問答』の問一が引用されており、罪の赦しが牧会の唯一の内容であるという記述は、問一の「我々の唯一の慰めは…」との関連で考えられていると見てよいだろう。

8 トゥルナイゼン、前掲書、一二七頁。

9 タケは、『疲れた人とふさわしい時に語り合うこと―聖書に方向づけられた牧会』の中で「わたしたちは『断絶（Bruch）』なしに『キリストの連帯（Christusgemeinschaft）』の道に至る。パウロの小さくやっかいな道ではなく、むしろまったく逆の道において」（Tacke,Mit den Müden zur rechten Zeit zu reden, op.cit.,73）と述べている。

10 Scharfenberg, *Seelsorge als Gespräch*, S.19.

11 Cf.,Tacke, *Mit den Müden zur rechten Zeit zu reden*,op. S.37.

12 Ibid., S.30.

13 Cf., ibid., S.40.

14 Cf., ibid., S.56.

15 Cf., Eduard Thurneysen, Schrift und Offenbarung, Zwischen den Zeiten, 2. Jg. 1924, Heft 6, in Hersg. Jürgen Moltman. *Anfänge der dialektischen Theologie Teil II*, Kaiser Verlag,1963, S.248 — 249.

16 様式史研究における代表的聖書学者であるH・グンケルは、創世記と詩編の研究において積極的成果をもたらしたと言われるが、それに比べて預言者研究においてこの手法を用いることは困難であったとの指摘がある（木田献一・高橋敬基『聖書解釈の歴史―宗教改革から現代まで』、日本基督教団出版局、一九九九年、八七―八八頁参照）。このことを考えると、タケの理論の根拠として様式史研究をもってくることが、果たしてすべての聖書箇所において言えるかどうかは疑問が残る。
17 Cf., Tacke, *Mit den Müden zur rechten Zeit*, S.57.
18 Cf.,ibid., S.78.
19 Cf.,ibid., S.78—79.
20 Cf.,Bukowski *Die Bibel ins Gespräch bringen*, S.17.
21 Ibid., S.19.
22 H・カーシェンバウム、V・L・ヘンダーソン編／伊東博、村山正治監訳『ロジャーズ選集（上）』、誠信書房、二〇〇一年、一六二頁参照。
23 Bukowski, op.cit., S.20.
24 Ibid., S.21.
25 Ibid., S.23.
26 トゥルナイゼン、前掲書、一二七頁。
27 トゥルンアイゼンは、Die Krisisi（分かれ目）という表現を用いて、この言葉のもつ意味を説明している。すなわち、人間の語る言葉を新たに生かす霊として、「聖霊という大きな前提条件（der große Vorbehalt des Heiligen Geistes）」（同右、一二八頁）のもとに置かれることが必要である。牧会者や説教者は、自分の言葉が神の語られる特別な言葉となるかどうかの分かれ目に常に立たされているのである。
28 同右、一八四頁参照。

29 同右、一九四頁。

30 同右、一二一頁参照。

31 タウラー&メラー「ヘルムート・タケ」、前掲書、二一三頁。

32 Cf.,Tacke, Mit den Müden zur rechten Zeit...,op.cit., S.70.

33 Ibid.

34 Cf.,ibid., S.71.

35 創世記二五章八節「アブラハムは長寿を全うして息を引き取り、満ち足りて死に、先祖の列に加えられた。」（新共同訳）参照。

36 Tacke, *Mit den Müden zur rechten Zeit*, S.59—61.

37 Helmut Tacke, *Glraubenshilfe als Lebenshilfe*, S.226.

38 Ibid.

39 Cf.,ibid.

40 Cf.,Bukowski, op.cit.,S.55.

41 Ibid., S.66.

42 Cf. Peter Bukowski, Seelsorge und die Bibel, in Desmond Bell / Gptthard Fermor（Hg.）, *Seelsorge heute-Aktuelle Perspektiven aus Theorie und Praxis*,Neukirchner,2009, S.53-55.

43 Tacke, *Mit den Müden zur rechten Zeit*., S.61.

44 トゥルナイゼン、前掲書、二四九頁。

45 同右、二五二頁。
46 R・ボーレン『預言者・牧会者エードゥアルト・トゥルンアイゼン（下）』、一九九―二〇〇頁参照。
47 トゥルナイゼン、前掲書、二五五頁。
48 同右、二五七頁。
49 同右、二四九頁。
50 同右、二六〇頁参照。
51 同右、二六三頁参照。
52 タウラー&メラー、前掲書、二一三頁。
53 同右、二一三―二一四頁。
54 同右、二一六頁。
55 Cf. Bukowski *Die Bibel ins Gespräch bringen*., S.19.
56 アントン・ボイセンによって始められた神学教育の一つの展開。詳細は本書第一章を参照。
57 Cf.Bukowski ,*Die Bibel ins Gespräch bringen*., S.21 － 22.
58 Ibid, S.36.
59 Cf.ibid.
60 Ibid, S.37.
61 Ibid.

62 Ibid.

63 カール・バルト「神の人間性」、『カール・バルト戦後神学論集』、新教出版社、一九八九年、二五七頁参照。

64 同右、二六〇―二六一頁。

65 Tacke, *Mit den Müden zur rechten Zeit*, S.59.

66 Bukowski, *Seelsorge und die Bibel*, S.54.

第五章　牧会における聖書の役割と目的
―牧会カウンセリングにおける聖書の使用から

ヘルムート・タケの「聖書に方向づけられた牧会」は、聖書を関係の言葉として位置づけ、対話の中に聖書をもたらすという理論によって、エードゥアルト・トゥルナイゼンの牧会のもっていた、権威主義的傾向を修正していた。ここで、「聖書に方向づけられる」とは、どういうことを意味しているのだろうか。ここで考えている「聖書」をどのように考えるのか。また対話の参与者の関係性によっては、排他的になり、権威主義的傾向を帯びることはないのであろうか。対話において、聖書を用いるということについては、さらなる考察が必要である。

カウンセリングの理論や手法を用いて牧会の実践を行うことを、牧会カウンセリングというが、この牧会カウンセリングにおいて、カウンセリングの理論に偏り過ぎてしまうことに対する反省から、実践において聖書を用いることによって、牧会の独自性を主張する試みがいくつか見られる。確かに、聖書を用いるという行為によって、明らかに他のカウンセリングの実践と区別することはできる。しかしこのとき、聖書を用いさえすれば、牧会の独自性が成り立つものなのだろうか、という疑問がもちあがる。

牧会カウンセリングの実践に聖書を用いるアプローチとしては、福音派のJ・E・アダムズ（Jay E. Adams）の提唱した、ヌーセティック・カウンセリングの流れをくむ、ビブリカル・カウンセリングがある。また、もう一方には、社会構成主義から派生した、ナラティヴ・アプローチに基づく実践において、聖書を用いる取り組みがある。ナラティヴ・アプローチとは、個人や集団に対して、そこで語られるライフイベントの再解釈や書き換えを援助することを目的とするアプローチである。[1] このアプローチの、対話のプロセスに対する繊細な視点は、牧会的対話においても、有益な問いを投げかけてくれるものである。

この、立場の異なる二つのアプローチが、牧会カウンセリングにおいて聖書をどのような役割として用いているかを比較・分析することは、聖書に方向づけられた牧会における聖書の役割を考える上で、益となるだろう。

したがって、本章では、福音派のビブリカル・カウンセリングと、社会構成主義から派生したナラティヴ・アプローチの各方法論の中で、聖書を用いる二つのアプローチを比較・分析することを通して、牧会的対話における、聖書の役割とその目的、および問題点を明らかにする。

第一節　ビブリカル・カウンセリング

（1）ビブリカル・カウンセリングについて

ビブリカル・カウンセリングについて考える際に、まず、その草分け的な位置づけにある「ヌーセティック・カウンセリング[2]（Nouthetic counseling）」というアプローチについて触れておきたい。これは、アダムズ[3]によって導入された、聖書に基づく牧会カウンセリングのアプローチである。このアプローチは、聖書の中に出てくる、ギリシャ語のヌーセシス（名）、ヌーセテオー（動）から命名された。ヌーセテオーは、「忠告する」「警告する」「教える」「助言する」の意味をもつ言葉である[4]。アダムズは、この言葉の本来の意味を重視するがゆえに、ギリシャ語の発音をそのまま用いて「ヌーセティック・カウンセリング」と呼んでいる[5]。アダムズのアプローチは、フロイトの精神分析やロジャーズのカウンセリングが、罪を罪とせず「病」として扱っていること[6]、人々の抱える問題の原因を病気や社会の問題にすりかえて、個人の責任を軽んじていることへの疑問から出発している。そして、問題の原因は人間の罪にあるという考え方に基づいている[7]。したがって、聖書によって目の前の人の過ちを教え、言葉によって明確に伝えてそれと対決させ、問題を克服することが目的とされる[8]。たとえ相手が傷ついたとしても、結果的には相手を助けることになるという理解である。

近年、ビブリカル・カウンセラー認定協会（The Association of Certified Biblical Counselors : ACBC）[9]の理事長であるヒース・ランバート[10]（Heath Lambert）が、ビブリカル・カウンセリングについての体系的な著作[11]を表している。この節では、アダムズ及びランバートの著作から、ビブリカル・カウンセリングにおける聖書、その目的、及び問題点について検討を行う。

(2) ビブリカル・カウンセリングにおける聖書

ランバートは、ビブリカル・カウンセリングにおいて聖書を神学的に理論づける際に、特に「聖書の十分性(The sufficiency of Scripture)」という点について強調して論じる。彼によれば、聖書の十分性は、ビブリカル・カウンセリングの核心的な教義であると同時に、ビブリカル・カウンセリング運動において、これまで最も議論されてきたテーマでもある。[12]

聖書の十分性は、福音派の聖書信仰の土台の一つである。その聖書的根拠として、テモテの信徒への手紙Ⅱ三章一六—一七節が、度々引用される。「聖書はすべて神の霊感を受けて書かれたもので、人を教え、戒め、矯正し、義に基づいて訓練するために有益です。こうして、神に仕える人は、どのような善い行いをもできるように、十分に整えられるのです」。この箇所から、神に喜ばれる善い行いをする人として整えられる為に、聖書は十分であるというのが、この箇所から読み取れる聖書の十分性の主張である。

ランバートは、この聖書の十分性の教理を、組織神学のテーマにとどめることなく、実践神学的な解釈をすることに努めている。ランバートの説明によれば、聖書の十分性とは「神の意思を知り、神に喜ばれる人生を生きるために必要なことが、すべて聖書に含まれている」[13]と考えることである。ランバートはこのことをさらに、自傷行為をする十代の少女トレンヤンとの対話の事例を用いながら説明している。[14] ランバートは、この事例を通して、証拠聖句を並べることによるのではなく、また組織神学的な説明に留まるのでもなく、「トレンヤンにとっての聖書の十分性」[15]を明示することを通して、聖書の言葉がどのような苦しみの状況に対しても助けとなることを証明している。牧会者が、目の前の人の苦しみの大きさに圧倒され、自分にいったい何ができるのだろうかと考えるとき、聖書が助けになることに信頼できないことがある。ランバートの主張は、どのような困難な問題を抱えた人にも聖書の言葉が届くことに目を開かせる。一方、ビブリカル・カウンセリングにおいては、聖書に書かれている字義通りの内容を正しい基準と判断し、相談に来た人の誤りを正し、完全な人に整えるために聖書は十分であるという理解がある。[16] アダムズは、「聖書は、同性愛の行為が罪であるとはっきり宣言している」[17]と述べる。そして、ローマ一章二六・二七節、Ｉコリント六章九節他を挙げて、（異性と）結婚することが神の解決であると述べている。[18] 聖書の字義通りの解釈が正しいとし、聖書の倫理的基準とは異なる選択をする人を罪人とすることは、神に造られた一人一人の存在のありようを傷つける考え方であることを指摘しなければならない。

（3）ビブリカル・カウンセリングの目的

次に、ビブリカル・カウンセリングの目的について検討する。アダムズによれば、カウンセリングの目的は、「ことばを使ってカウンセリーを矯正し、援助する」[19]ことであり、対話の相手が変化することにある。変化の方向性は、「神に対する愛を養い、神の命じられるように隣人に対する愛を養うこと」[20]である。この目的は教育的であり、ここでもやはり先述のテモテの信徒への手紙II三章一六―一七節が土台となっている。

また、アダムズの教えを受けてキリスト教カウンセリングを展開している、鄭正淑（チョン・チョンスク）によると、「カウンセリングの目的は人を変化させて神の栄光のために生きるようにすること」[21]である。その変化のためには、「聖霊の働きと神の御言葉の教え」[22]が条件として挙げられ、その方向性は、「単なる問題解決にとどまらず、神との関係を正常化し、霊的成熟」[23]をもたらすことにあるとされる。相手を変化させることを目的としている点でアダムズとほぼ同じ路線上にあるが、神との関係に焦点を当てているところが特徴であろう。

一方、ランバートは、「カウンセリングにおいて人々は、正しい（correct）答えや、信仰的な解決、または効率的な助けをもって相談を行う必要はない。…（略）我々は人々に健全な（sound）答え、助言、助けを提供するためにカウンセリングを行う」[24]と述べる。ランバートは、アダムズのカウンセリングの目的に沿いつつ、アダムズが字義通りの聖書を正しい基準とし、カウンセリングにおいても聖書に沿った正しさを求めていたのに対し、若干ニュアンスを修正し、聖書を土台とした健全な、相応しいカウンセリングであることを求めている。いずれにしても、聖書や牧会者の側に正しい答えがあることを前提にしている点では同じである。

（４）ビブリカル・カウンセリングの問題

ヌーセティック・カウンセリングを提唱したアダムズの理論は、カウンセリング運動が急速に広まる中で、牧会カウンセリング独自の特徴を聖書に求め、聖書の言葉の中から対話の方向性及び目的を理論づけた先駆け的な試みである。しかし、このアプローチは、病を抱えた人にとってあまりにも厳し過ぎると、多くの批判にさらされてきた。特にアダムズが、複雑に絡み合う罪の問題を、行動の問題に焦点を絞ってアプローチすることに対して、デレック・Ｊ・ティドバル（Derek J. Tidball）は、問題とされる行動に対決することが答えとして与えられ、牧師たちがこの複雑な問題に対して、聖書を用いて権威的に対処する危険性をもっていると指摘する。[25] 複雑に絡み合う精神構造をもった病を抱える人の表面的な行動だけを見て、聖書的に罪人として裁くことは、病を抱える人の自尊心を傷つけることになる。

一方、ランバートの紹介する事例を見る限り、トレンヤンの問題とされる行動に表面的にかかわるのではなく、彼女がなぜそのような行為をするのか、その理由を深く分析していることから、ティドバルによって指摘されていたアダムズの問題点は修正されていると言える。しかし、ビブリカル・カウンセリングが、聖書の十分性をその土台として展開し、すべてをそこに集約していることには疑問が残る。

ビブリカル・カウンセリングが強調する「聖書の十分性」の議論においては、カウンセリングや心理学等、神学以外の知識を否定してはいないが、聖書の権威を守るため、聖書テキストや聖書の「権威を堅固にする」[26]ことを議論の目的としている。そのような断固とした態度は、聖書テキストによって、多様な問題を抱えた人を排除してしまうことにつながりかねない[27]。

聖書が人々に助けを与える力をもつことに信頼することは重要である。聖書の十分性という教理によって、その確信が与えられることも理解できる。しかし、「聖書の十分性」を根拠にした牧会的対話の実践において、聖書テキストを用いさえすれば十分であるとの認識で思考が停止していないか、自らを問う必要がある。字義通りのテキストの解釈によって、正しいと判断される内容をもって、一人の人を罪人と断定することのもつ問題性がある。牧会者の側に正しい答えがあるという権威主義的な構造の問題がある。これらの問題によって、気づかないところで他者を傷つけてしまう可能性を十分に考慮する必要があるだろう。

第二節　ナラティヴ・アプローチ

(1) ナラティヴ・アプローチについて

一方、ナラティヴ・アプローチは、先にも述べたように、個人や集団に対して、そこで語られるライフイベントの再解釈や書き換えを援助することを目的とする。その背景には、「人が現実と信じているものは、実は心理的に構成され、社会的に構築されたものだとする構成主義の発想[28]」がある。そこでは、社会的な組織や制度がまず先にあるのではなく、人と人との間で生じる言語的なコミュニケーションによってシステムが構成されていくと考えられる。[29] 牧師と信徒、あるいは教師と生徒という役割やカテゴリーが機能するよりも先に、その人から発せられる言葉が、そのシステムにおいて機能する。したがって、そのシステムは、柔軟性と可変性に富んでおり、両者にとって新しい意味や未知の解釈を生み出す可能性をもつ。[30]

牧会的対話の実践において、神学的、教理的な知識、また宗教的権威が、対話の自由を損なってしまうことがある。この問題を、実践においていかに克服するかということを考える上で、このナラティヴ・アプローチとの対話は意味のあることである。そこでこの節では、エドワード・P・ウィンベリー[31]（Edward P. Wimberly）のアプローチとゲラルド・ローグリン[32]（Gerard Loughlin）の見解を手がかりに、ナラティヴ・アプローチにおける聖書、その目的、及び問題点について考察を行う。

（2）ナラティヴ・アプローチにおける聖書

ナラティヴ・アプローチの理論を牧会において用いる際に、聖書はどのように位置づけられるのだろうか。ウィンベリーは、牧会カウンセリングにおいて、主にナラティヴ・アプローチを取り入れた実践を紹介している。ウィンベリーは、自らの実践を「関わりの解釈[33]（hermeneutics of engagement）」であると説明し、啓示と理性の両方を用いて、人が物語るプロセスそれ自体の解釈を行っていく。その際、関わりの解釈においては、啓示の方に重きが置かれ、「聖書物語が人間の人生の深みに変化をもたらすために、いかに働いたか」[34]ということに関心が注がれる。この点に関しては、ビブリカル・カウンセリングの立場に立つランバートが、苦しみの状況に対して聖書がいかに助けとなるかに注目をしていたことと重なる。しかし、聖書の十分性という点については、両者は異なる見解をもつ。ランバートが、聖書の十分性の教理によって、聖書の権威を守ることに重きを置いていたのに対し、ウィンベリーは「専門的理性（technical reasoning）」は排除されないと述べ、[35]物語るプロセスの意味を解釈する際に、理性、すなわち心理学やカウンセリングの知識を用いることに開かれた態度をもっている。牧会的対話における、啓示としての聖書の働きに主な関心を注ぎつつ、実践に必要な心理学やカウンセリングの知識を積極的に用いるという立場である。それでは、ウィンベリーは、聖書物語による解釈と心理学による解釈をどのように位置づけているのだろうか。

牧会カウンセリングの理論を展開する多くの神学者たちは、パウル・ティリッヒの「相関の方法[36]（the method of correlation）」を引用しながら論じる。[37]ウィンベリーもティリッヒを引用しているが、彼はこの点でこれまでの牧会カウンセリングとの違いを強調する。「伝統的な相関において、信仰的伝統と世俗的学問は共に等しい地位をもつ協力者である。…（中略）関わりの解釈において、告白的伝統（confessional tradition）は、より中心的な場所を与えられている」[38]と。

ウィンベリーは、ナラティヴ・アプローチや他の心理学的知見を用いつつ、信仰の物語として解釈することを優先させることによって、牧会のアイデンティティを明確にする。実践の事例においても、「恵みの神学」や「義認の神学」を対話の相手がどのように受け取っているかという視点で解釈しながら、その人の物語を書き換えるプロセスを支援している。[39]

ウィンベリーの紹介している事例においては、ナラティヴ・アプローチの方法で聖書を用いた対話を行い、神学的な解釈において書き換えを支援する方法は成功している。しかし、ウィンベリーの紹介している事例と似たような事例において、ウィンベリーの用いた聖書箇所を読み、その解釈を適用すれば、対話における書き換えは上手くいくかというと、必ずしもそうではないだろう。一般的な社会構成主義的視点で見るならば、書き換えられた後の神学的な解釈は、ただ一つの答えなのではなく、その解釈自体も問いに開かれている必要がある。では、ナラティヴ・アプローチにおいて聖書を用いる時、その聖書の解釈は開かれたものであることは可能なのだろうか。このことを、聖書テキストの解釈の多様性という側面に注目して考えてみたい。

ハンス・フライ（Hans Frei）は、聖書テキストの解釈について「神の言の証言としてのテキストの世界は、後者（神の言）と同一視されることはないが、聖霊の恵みによる証言として十分（sufficient）である」[40]と述べている。ここでフライは、聖書テキストと、テキストが指し示すものとしての神の言とを区別した上で、聖書テキストが神の言を証言するために、十分であると主張している。つまり、文字としての言葉をただ読むだけでは、必ずしも十分ではなく、テキストが指し示すものが届けられることが必要となる。そこに聖霊の恵みが加わるとき、聖書の目的を十分に果たすことになるのである。

また、ゲラルド・ローグリンは、このフライの理論に基づいて、「キリスト者の読者にとって、ある（テキスト）は他（のテキスト）よりも十分（sufficient）である」[41]と述べ、「真理とテキストの間の神秘の恵みと言うべき適合（fit）がある」[42]と主張する。こうして、ある人の人生の物語において真理が指し示されるために、ある特定のテキストが選ばれることの理由が説明される。どの聖書の言葉も、一様に真理を指し示すのではなく、その時のその人にとって、迫ってくるような聖書テキストがあるのである。

ランバートは、「聖書の十分性」という教理の正しさを、実践の事例によって証明していた。そこでは、聖書テキストを用いさえすれば十分という独善性をもたらす可能性も指摘された。それに対し、フライやローグリンによる聖書テキストの「十分性（sufficient）」の説明によれば、「聖霊」による自由な恵み、またテキストと真理の「適合（fit）」と表現されることによって、一つの聖書テキストから多様な、しかしその人にとっては唯一のナラティヴを語ることの意味を、実践的に説明することが可能となっていると言えるだろう。牧会的対話のプロセスにおいて、聖書の言葉は、その時のその人にとって、真理を指し示すに相応しい言葉として届けられ、受け入れられ、人生の物語が新たに書き換えられる独自の力を発揮するのである。

（3）ナラティヴ・アプローチの目的

次に、牧会において、どのような目的をもって対話のプロセスが進められるのかについて考える。ビブリカル・カウンセリングにおいては、聖書に基づいて対話の相手に変化や成長をもたらすことが目的とされた。その際に、カウンセラーの側に正しい答えや解決があるという考えが前提にあった。それに対して、ナラティヴ・アプローチでは、「新しい『物語としての自己』[43]」が構成されることを目的とする。そのために、カウンセラーは「無知」の姿勢をとることが要求される[44]。対話のプロセスにおいて、牧会者が共に新しい物語を構成していく参与者である為には、聖書や教理の知識、あるいはカウンセリングの理論的枠組みなどをもって、対話の相手の世界を理解しようとすることは、真に相手を理解し、共感することを妨げるものと捉えられる。野口によれば、無知の姿勢とは「セラピストの旺盛で純粋な好奇心がそのふるまいから伝わってくるような態度ないしスタンス[45]」をもって、対話に参加することである。牧会者は、対話の相手について「知らないから教えてもらいたい」という姿勢で相手の話を聴き、積極的に対話に参加することが求められる。

一方、ナラティヴを主張する者の中には、すべての前提から解放され、汎神論的な意味での解放を目指すものもある[46]。このように、社会構成主義の考え方を徹底するならば、対話には目的があると考えること自体も否定されるのではないかとの問いが持ち上がる。しかし、神学的な文脈の中でナラティヴ・アプローチを考える際には、個々の対話の目的という視点を越えて、より上位の大きな目的をもって対話を行うことが期待される。

ウィンベリーは、「人々が物語る経験の方法に影響を与えている文化的、世俗的物語、信仰の物語が、ネガティヴな物語にいかにチャレンジを受けているか、そして人々の成長に影響を与えるポジティヴな物語をいかに支えるか」[47]ということを目的として考える。すなわち、牧会的対話においては、ネガティヴな物語からポジティヴな物語への書き換えが目指される。

またローグリンは、過去のルールを問い直し、過去に支配されることのない、異なる物語を語ることを目的とする。[48]自分自身の過去を語る時に、自分でも気づかないで支配されているルールを見出し、その支配から解放されることが目指される。それは、「空虚ではなく、創造されたものとして、暗闇ではなく、光として」[49]語られる、神の働きであると、ローグリンは述べる。そこでは、終末論的希望が根拠となっている。

このような大きな目的の根拠となる終末論的希望については、チャールズ・ガーキンも次のように述べる。「牧会カウンセリングの結果変化した人生は、逆説的に歴史の中に埋め込まれたままである。それは、継続的な創造的変化と、すべての環境における最終的変化の両方の希望の中にある」[50]。このような終末論的希望に支えられて、新しい光が差し込むような物語を共に創造し続けることが、牧会的対話の目的である。

(4)ナラティヴ・アプローチの問題

前述のように、ナラティヴの理論には様々な立場がある。その出発点となっている、社会構成主義の考え方を徹底させると、虚無の世界や汎神論的な方向性をもつことになる。しかし、だからと言って、ナラティヴ・アプローチ全体を否定的に捉えることは早計である。野口は、「ナラティヴ・アプローチは、本質主義をすべて捨て去るべきだと主張しているわけではない。セラピーやケアという場面で、本質主義に立つことが、『問題』を固定化したり増幅したりすることがあり、そのような場面でなおも本質主義に固執することの弊害や限界を指摘しているのである」[51]と述べる。牧会的対話において、神学的な認識や教理的な理解から、その人の問題の本質的な原因にアプローチすることによって、目の前の人の世界を、真に理解することができなくなることがある。牧会におけるそのような弊害に、問いを投げかけているのが、ナラティヴ・アプローチである。教理や神学の本質的な理解に慣れ親しんでいる者は、そこに正しい答えを見出したくなる。しかし、そのような理解の仕方を一端脇に置き、「どこに向かうかわからない不安」を共に抱えつつ、目の前の人の世界に無知の姿勢でかかわることを徹底する必要がある。

しかし、ナラティヴ・アプローチの方法論だけに注目することによって、キリスト教のもっている大きな方向性を、いつの間にか見失うことも起こり得る。このような牧会的対話の方法論を支える神学的パースペクティヴについては、次の章で考察を試みたい。

要約的考察

本章では、福音派のビブリカル・カウンセリングと、社会構成主義から派生したナラティヴ・アプローチの中で聖書を用いる取り組みの、二つのアプローチを比較・分析してきた。牧会カウンセリングにおいて、人々の深いところに届き、変化をもたらす聖書の役割を主張している点で、両者は共通していた。

ビブリカル・カウンセリングを主張しているランバートは、聖書の十分性というキリスト教の教理を、具体的な実践において証明していた。一方、アダムズが、聖書テキストの字義通りの解釈によって、病を抱える人や同性愛の人を罪人と判断し、誤りを正さなければならない対象としたことについて、ランバートは踏み込んだ議論をしていない。字義通りの解釈や牧会者の側に正しい答えがあるとする権威主義的な構造によって、聖書が人を裁き、傷つける刃物のような役割をもつことがある。聖書を用いさえすれば十分という理解には、様々な角度から考察が加えられる必要があるだろう。

ナラティヴ・アプローチと聖書の関係について考える、フライやローグリンによれば、対話における聖霊の働きや「適合（fit）」という概念を用いることによって、多様な聖書解釈の可能性に開かれていること、対話のプロセスを通して、その人にとって唯一の真理を指し示すのに「十分」な神の言を捉えることが、牧会的対話のプロセスを進めるうえで、有効であることが明らかになった。教理と実践の橋渡しは重要なことであるが、実践において教理の枠組みに留まり続けるならば、真の助けは得られないだろう。牧会的対話においては、その人が抱える問題や向き合っている課題に適した、十分な聖書の物語が届けられ、新たな物語へと書き換えられていくプロセスを、共に味わう実践的な取り組みが行われ、そのような実践が共有されていく必要がある。

また、ビブリカル・カウンセリングにおいて、「聖書の十分性」が強調され、心理学などの他学問に対しても、聖書テキストの権威が強調されていたが、ナラティヴ・アプローチの立場では、聖書の働きに関心を向けつつ、心理学など、他の学問を対等な姿勢で用いて、牧会的対話を理解していた。ルドルフ・ボーレンは、神認識において、すでに心理学がある役割を果たしていると指摘し、「すべての神学には心理学が混在している」[52]と主張する。ビブリカル・カウンセリングが排他的に聖書を主張したとしても、心理学は既に混在していると指摘することができる。だとすれば、排他的に聖書を主張するよりも、他の学問に助けられ、他の学問との対話に開かれた姿勢をもちつつ、牧会的対話に独自のプロセスを神学的に明らかにすることが、今後も求められるであろう。

牧会者の側に正しい答えや解決法があり、対話の相手を変化させることを目的とするビブリカル・カウンセリングは、相手の真の理解につながらず、場合によっては対話に初めから断絶をもたらす可能性もある。牧会的対話の実践においては、ナラティヴ・アプローチの無知の姿勢から、常に問われ続ける必要がある。

しかし、ナラティヴ・アプローチにおいては、無知の姿勢を汎神論的に徹底する可能性も含んでいる。牧会者の側が正しい答えをもっているという姿勢で臨むことは、問われる必要があるが、どこに立って牧会的対話を行っているのか、大きな方向性としてどこに向かっているのか、牧会者自身の立ち位置を認識している必要がある。その為に、語る者も聞く者も、安心してナラティヴを展開することを支える、より大きな目的および神学的パースペクティヴをもった言葉を生み出し続ける努力が必要であろう。

注

1 Cf., Gary R. Vanden Bos, editor - in - chief, *APA dictionary of psychology, Second Edition*, American Psychological Association, 2007, p.687.

2 ジェイ・E・アダムズ『カウンセリングの新しいアプローチ』柿谷正期・窪寺俊之訳・柿谷正期監修、いのちのことば社、一九八七年（Jay E. Adams, *Competent to Counsel*, Baker book house,1970)。

3 ジェイ・E・アダムズ（一九二九―）は、アメリカの牧会学者。ジョンホプキンス大学（A.B.)、改革派国教会神学校（B.D.）で学んだ後、ピッツバーグ・クセニア神学校で二年間新約学専攻、テンプル大学で実践神学を学ぶ（S.T.M.)。ミズーリー大学で博士号取得（Ph.D.)。ウエストミンスター神学校で実践神学を教えた（同右書参照)。

4 Cf., *GREEK-ENGLISH LEXICON* founded upon the seventh edition of Liddell and Scott's, Oxford University Press,1889（1975）, p.536.

5 ジェイ・E・アダムズ、前掲書、九七―九八頁参照。

6 同右、一四頁参照。

7 同右、一八頁参照。

8 同右、九七―一〇七頁参照。

9 一九七六年にJ・E・アダムズと彼の協力者たちによって設立された。ビブリカル・カウンセラーの養成、認定、スーパーバイズなどに携わっている。https://biblicalcounseling.com/about/history/（二〇一九年一月三一日現在）参照。

10 ヒース・ランバートは、ビブリカル・カウンセリング認定教会の理事長。ジャクソンビル第一バプテスト教会牧師。南バプテスト神学校ビブリカル・カウンセリングの教授。

11 Heath Lambert, *A THEOLOGY OF BIBLICAL COUNSELING - The Doctrinal Foundations of Counseling Ministry*. Zondervan, 2016.

12 同右、三七頁参照。

13 同右。

14 ランバートはトレンヤンの話を聴いていく中で、ある段階で詩編五五篇を対話のテーマに取り上げている。彼女は、両親が互いに罵り合う声に苦しんでいた。詩編の作者は「私と同等の立場の者、友、心を許した人」（五五・一四）が自分を苦しめると表現しており、トレンヤンの経験と重なるなど、この詩編には彼女の苦しみの状況と同一視できる言葉がいくつか見られる。それらを分かち合った上で、トレンヤンが自分に身体的な痛みを与えることで、精神的苦痛から逃げているのに対し、詩編の作者は自分の苦痛を神様に注ぎだす機会としていることを示し、祈りを通して神に助けを求めることができることを、神が教えていると伝え、彼女はそこから学んでいった（Cf. Lambert, op. cit., pp.59―63）。

15 Ibid.p.59.

16 アダムズ、前掲書、一〇八頁参照。

17 同右、八六頁。

18 同右、八五頁参照。

19 同右、一〇六頁。　同右、一一四頁。

20 同右、一一四頁。

21 鄭正淑『キリスト教カウンセリング―理論と実際』趙善江訳、いのちのことば社、二〇〇四年、三八頁。

22 同右、三八頁。

23 同右、四〇頁。

24 Lambert, op. cit., p.16.

25 Cf. Derek J. Tidball, Use and Abuse of the Bible in Pastoral Practice : An Evangelical Perspective, ERT (2008) 32. 3, pp.204 — 205.

26 Lambert, op. cit., p.48.

27 ランバートは、セクシャリティやジェンダーの問題などについて、「聖書は…全ての事柄にとって十分ではない」と述べて、その事柄にとって聖書が十分か否かを独断的に判断することを控えているが、聖書を字義通りに解釈することのもつ問題性について、踏み込んだ議論を控えている（同右、五一頁参照）。

28 氏原、亀口、成田、東山、山中編『心理臨床大事典』、培風館、一九九二年、三五九頁。

29 ハーレーン・アンダーソン&ハロルド・グーリシャン『協働するナラティヴ―グーリシャンとアンダーソンによる論文「言語システムとしてのヒューマンシステム」』野村直樹著訳、遠見書房、二〇一三年、三〇頁参照。

30 同右、一八―一九頁参照。

31 Edward P. Wimberly, Using scripture in pastoral counseling, Abingdon press,1994.

32 Gerard Loughlin, Telling God's story Bible, Church and narrative theology, Cambridge University Press,1996.

33 Wimberly, op. cit., p.120.

34 Ibid.,pp.121 — 122.

35 Ibid.,p122.

36 ティリッヒ『組織神学Ⅰ』、七三—八一頁参照。ティリッヒは、相関の方法を「実存的な問いと神学的な答えとの相互依存を通してキリスト教信仰の内容を説明する」（同右、七四頁）方法であるとする。

37 セワード・ヒルトナーは、その著書『牧会の神学』（前掲書）の巻末注で、「相関の方法」引用しつつ、牧会に独自のシェパーディングの視座を提唱している。また、ポール・E・ジョンソンも、その著書『人間理解への道』（前掲書）の中で、「相関の方法」を引用しながら、「神学は、人間存在の意義を問い、人間に応答する神の自己顕示にその答えを求めようとするものである」（七七頁）と定義している。

38 Wimberly, op.cit.,p123.

39 Cf.,ibid.,pp.46 — 47.

40 Hans Frei, *Theology and Narrative: Selected Essays*, edited by George Hunsinger and William C. Placher, New York and Oxford University Press,1993, p.164（カッコ内筆者）.

41 Loughlin, op. cit., p.82（カッコ内筆者）.

42 Ibid.

43 野口裕二『物語としてのケア―ナラティヴ・アプローチの世界へ』、医学書院、二〇〇二年、一〇六頁。

44 ハーレーン・アンダーソン、ハロルド・グーリシャン「クライエントこそ専門家である―セラピーにおける無知のアプローチ」S・マクナミー、K・J・ガーゲン編、野口裕二。野村直樹訳『ナラティヴ・セラピー―社会構成主義の実践』、金剛出版、一九九七年、六五―六六頁参照。

45 野口、前掲書、九六頁。

46 Cf., Loughlin, op. cit., 25.

47 Wimberly, op. cit., p.119.

48 Cf., Loughlin, op. cit., pp.25 ― 26.

49 Ibid.p.26.

50 Gerkin, *The Living Human Document*, p.165.

51 野口、前掲書、一五七―一五八頁。

52 ボーレン『聖霊論的思考と実践』加藤常昭・村上伸訳、日本基督教団出版局、一九八〇年、九四―九五頁。ここでボーレンが「心理学」と言っているのは、科学としての心理学ではなく、人間を知覚し、理解することとしての心理学である。

第六章　牧会的対話のプロセスを基礎づける

第四章では、エードゥアルト・トゥルンアイゼンと、トゥルンアイゼンを批判的に継承したヘルムート・タケ、そしてタケの継承者であるペーター・ブコウスキーの牧会理論の特徴を比較した上で、タケの「聖書に方向づけられた牧会」において考えられている牧会の独自性について考察を行った。また、第五章では、牧会における「聖書」をどのように捉えたらよいかを考察するために、牧会カウンセリングにおいて聖書を用いている二つのアプローチ、ビブリカル・カウンセリングとナラティヴ・アプローチを比較し、分析を行った。そして、ビブリカル・カウンセリングにおいて強調している「聖書の十分性」に関して、多様な聖書解釈に開かれていること、聖書テキストと聖書が指し示すものとを区別し、テキストが指し示すものが、その人に「適合」するという意味で「十分」な聖書を探し求めることが、牧会的対話のプロセスを進める上で重要であることが、ナラティヴ・アプローチの立場から批判的に論じられた。

一方、ナラティヴ・アプローチは、汎神論的な方向性をもつ可能性も考えられる。そこで、牧会においては、対話のプロセスを支える、より大きな目的、および神学的パースペクティヴを明らかにすることが必要であると考える。

ここでもう一度、タケの「聖書に方向づけられた牧会」に注目したい。タケは、一方でトゥルンアイゼンを批判的に継承し、他方でロジャーズのクライエント中心療法など、心理カウンセリングの牧会における貢献を十分に認めた上で、心理カウンセリングに対する鋭い批判を行った。[1] タケは、「神の名の保護領域」(Im Schutzbereich des Namens)という、神論の用語を用いた包括的な概念によって、対話のプロセス全体を支える牧会独自のパースペクティヴを主張している。[2] この概念は牧会的対話の独自性を考える上で、トゥルンアイゼンの「断絶線」と同様に、あるいはそれに代わるような重要な概念であると考える。しかし、この「神の名の保護領域」という概念がいったい何を意味しているのか、抽象的で理解しにくいという点を指摘できるだろう。また、臨床心理学におけるタケの対話の相手は、主にクライエント中心療法であった。クライエント中心療法は、セラピストの態度がセラピーに与える影響に注目する。このクライエント中心療法との対話を意識するがゆえに、タケは牧会者の問題に焦点を当てる傾向があると考えられる。今日は、クライエント中心療法以外にも様々なアプローチが展開されている。特に、前章でも触れた、ナラティヴ・アプローチは、対話のプロセスに注目する。タケが「対話の中に聖書をもたらす」という時に、対話のプロセスをどのように進めていくのか、その時に「聖書」はどのような役割をもつのかを考察する上で、このアプローチは重要な示唆を与えると考えられる。ナラティヴ・アプローチとの対話を通して、牧会的対話のプロセスを支える牧会の基礎づけを行うことは、有益であろう。

したがって、本章では、ヘルムート・タケにおける「神の名の保護領域」の概念が意味するものを明らかにしたうえで、ナラティヴ・アプローチとの対話を行うことを通して、牧会的対話のプロセスを支えることのできる、牧会の基礎づけを行うことを目的とする。

第一節　ヘルムート・タケの「神の名の保護領域」の概念

(1)「神の名」の存在と行為

タケは、「神の名の保護領域」について、次のように述べる。「福音主義の牧会は、神の名において生じる。この名の栄光と保護によって、牧会の対話は初めから取り囲まれている」[3]。この定義において、タケは「神の名」をどのように理解しているのだろうか。

タケの弟子のブコウスキーは、自身の著書の中で、タケが福音主義の牧会を「神の名の保護領域において生じる出来事」と定義していることは、適切であると紹介している[4]。その上で、ブコウスキーは、出エジプト記三章一四節「わたしはある、わたしはあるという者だ」及び一二節「わたしは必ずあなたと共にいる」[5]を引用し、「神の名の保護領域」の概念は、「人間にとって親しみやすい存在、助け手、牧会者としての神のご性質を明らかにしている」[6]と述べている。すなわち、ブコウスキーによれば、「神の名の保護領域」とは、「神の名」、すなわち神の存在が、牧会的対話のすべてのプロセスに伴い、親しみやすい助け手として、神がそこにいてくださるという現実を表現しているということになる。確かに、ブコウスキーの説明は、トゥルンアイゼンが「断絶線」によって説明した、人間とは離れたところに存在する神という、聖なる神観とは大きく異なり、親しみやすいものである。しかし、ブコウスキーの「神の名」の理解には、二つの点から問いが投げかけられる。

一つは、「神の名」の聖書的根拠として、出エジプト記三章一二、一四節を引用するだけに留めていることである。この箇所は、翻訳・解釈の難しい箇所であり、様々な訳が存在する。[7] そして、むしろそのことに、著者は「神の名」の理解の幅を見ることができるのではないかと考える。木幡は『新共同訳注解』の中で、ここを「私は、私があろうとする者である／私は、私がなろうとする者になる」と解するのがよいとし、神が何であるか、何となるかは神ご自身が決めることであり、何にもとらわれない神の自由が神によって宣言されているとする。[8] また、ツィンマリは、「旧約聖書そのものがヤハウェの名を説明しようとしている唯一の箇所において、これを一つの定義のおりに閉じ込めるようなやり方でこの名を『説明すること』を拒絶している。…ヤハウェについては、ヤハウェがいかに自らを（その行為において、またその戒めにおいて）示そうとしているかに耳を傾け承知する時にのみ、語られるべきである」[9] と述べている。著者は、この解釈を支持する。「神の名」の概念を存在論的な解釈のみで説明することは、一つの定義の檻に閉じ込めてしまうことになるのである。

ツィンマリは、同じ出エジプト記三三―一九節「わたしは恵もうとする者を恵み、憐れもうとする者を憐れむ」という箇所を引き合いに出し、神が「自己啓示」をする自由が理解される必要があると指摘する。ここでは、前述の木幡と同様に、神の自由が主張されている。[10]

著者は、このように、捕らえることの難しい「神の名」の概念を、聖書全体で解釈する必要があると考える。ヨハネによる福音書八章二八節の「あなたたちは、人の子を上げたときに初めて、『わたしはある』ということ、また、わたしが、自分勝手には何もせず、ただ、父に教えられたとおりに話していることが分かるだろう。」というイエスの言葉に注目するならば、降誕から高挙に至る、イエスの生涯とのつながりにおいて「神の名」を理解する視点が加えられる必要があると考える。

二つ目は、「神の名」理解のタケとブコウスキーのわずかな違いである。福音主義の牧会は、「神の名」の「栄光と保護によって、はじめから取り囲まれている」[11]とタケが言うとき、「神の名」は、「牧会的対話のプロセス全体を通して共におられる神」といった、存在論的な概念のみを意味しているのではないだろう。タケによれば、「神の名の現臨は、人間を統制する」[12]。すなわち、「神の名」の方から人間に働きかける。「神の名」は、明確な意思をもって、対話の相手と関わり合う。[13]すなわち、対話のプロセスにおいて、神がどのようなお方であり、どのような意志や思いをもって、向き合っておられるのかが明らかにされる。また、神は対話の相手の名を呼ばれるがゆえに、対話の相手も「神の名を呼ぶ（bei seinem Namen gerufen）」（イザヤ書四三・一）[14]ことに開かれている。タケは「聖書に方向づけられた牧会」において、聖書は文字ではなく、神と人との関係であると定義している。[15] 牧会的対話において、聖書の言葉がもたらされるとき、聖書に記されている神と人との関係の歴史が、対話の相手と神との関係の歴史に、新しい意味をもって迫ってくるのである。このように、タケにおいて「神の名」は、ご自身の意思をもって、人間に積極的に関わると理解されているのである。

「神の名」を、存在論的な神にのみ限定してしまうと、神は存在すると語ることはできるが、具体的な対話のプロセスにおける人間の側の努力に関しては、神とは関係ないものとされ、全く人間の領域であると理解される可能性がある。具体的な対話の実践に関しては、臨床心理学などの技術から学べばよいということになり、神の存在と人間の努力とがバラバラになりかねない。[16] しかし、タケが言うように、「神の名」を、神ご自身の意志をもって、積極的に関わる存在として理解するなら、日常において働かれる神に注目し、神の働きに規定されるようにして、対話の実践を行うことになる。「神の名」は、「それ自体で語りだす[17]」。日常における神の働きに耳をそばだてる必要がある。臨床心理学の知識や技術を学ぶことは、その名の働きに仕えるのである。そのように理解するならば、神の存在と人間の努力とはバラバラになることなく、一〇〇％の神の働きと、一〇〇％の人間の努力とが伴って対話を進めることができる。「神の名」は、存在する神であると同時に、行為する神なのである。[18]

（2）牧会者における「配慮への自由」

明確な意思をもって向かい合い、関わり合う、行動する「神の名」は、牧会的対話において、牧会者にどのように機能するのであろうか。タケは、次のように説明する。「神の名における牧会は、対話を説教学的な、または教理問答的な心理的圧迫から解放する」[19]。牧会者は、対話の相手のことが分からないという不安を抱える。その分からないという不安を埋めるために、説教者として教えようとすることや、教理的な正しい答えを与えなければというプレッシャーを覚えることがある。しかし、牧会的対話の中におられ、また対話の相手の近くにおられて行動する「神の名」に信頼することは、牧会者をそれらのプレッシャーから解放する。またタケは、神の名における牧会は、「人生経験や処世術の助けによって、葛藤を明らかにすることを意識した、むきだしの、相談の対話へと移行するのではない」[20]と述べる。すなわち、牧会的対話においては、人間の奥深くにある心理的葛藤をむき出しにすることを目的としたり、それによって、対話の相手との溝を埋めようとしたりするのではない。タケは、神の名における牧会的対話の向かう方向性を次のように指摘する。「その名が対話の中に共にあるならば、その名は人間に関する配慮への自由（die Freiheit zu einer Sorge）を与える。そしてその自由は、限界（Grenzen）を知らない」[21]。すなわち、牧会的対話において、自由に働かれる神の名が共にあるということは、ご自身の自由において目の前の人を愛し、憐れまれる神の意志がそこにある。神の愛と憐れみには限界がない。対話の相手への神の愛と憐れみに信頼することを通して、牧会者にも配慮への自由が与えられるのである。

ここで「神の名の保護領域」において与えられる「配慮への自由」について、エーリッヒ・フロム（Erich S. Fromm）が言う「～からの自由（消極的自由）」と「～への自由」（積極的自由）の二つの自由[22]の視点から考えてみたい。

タケは、対話における自由について次のように述べている。「この御名は、何の不安もなく対話を進めるための前提である。助けを必要としている人の不安だけではなく、自分が聴くことや話すことに信頼できない牧会者の不安も持ち込まれる。不安は、御名の現在を通して相対化される。…（省略）…この名の存在が、対話に無制限の自由を与えるのである」[23]。牧会的対話に臨む牧会者自身が、「神の名」という大きな存在にすべてをゆだね、信頼しつつ、対話を行うことができることで、心の平静を保ちながら対話を進めることができる。ブコウスキーも、「神の名の保護領域」について紹介する中で、この対話の相手に向かい合う牧会者自身のもつ不安からの自由[24]について強調している。彼はまた「神の名の保護領域」において、牧会者は、対話の中に聖書をもたらさなければならない、または御業の中に置かなければならないという重荷からも自由にされると述べる[25]。

このように「神の名」の存在は、牧会者の抱える不安や重荷からの自由を与える。しかしタケは、このような「～からの自由」だけに留まるのではない。タケが「無制限の自由」と言うとき「～への自由」が基本にある。このことを、タケは、トゥルンアイゼンに代表される「宣教的牧会」

に対する批判を行った、シャルフェンベルクの主張を引用して論じている。タケは、シャルフェンベルクが、多くの牧会的対話は権威主義的であり、対話の乱用であると指摘していることに同意しつつ、他方で、シャルフェンベルクが主張する「自由」については、次のように批判する。「何にも影響されていない、開かれたテーゼの前提、何の『職務規定』もなく導かれた牧会的対話の現実があるのみである。とりわけ、強制や要求の苦しみのない対話だけが、牧会の道具でありうる」[27]。その上で、「この自由な対話は、牧会に仕えないだけでなく、…（省略）…牧会的機能にとって、役に立たないものとなる」[28]。シャルフェンベルクの述べる対話の自由は、「～からの自由」である。確かに、牧会的対話の実践はシャルフェンベルクの言うように、カウンセラーや牧会者のもつ力によって、対話の相手の自由は容易に奪われる可能性がある。それゆえ、様々な権威主義的支配からの自由を主張することは重要である。このように、神学的伝統を、権威的であり形式的であるとすべて否定し、純粋な対話の自由を求めることは、一見すると自由なように見える。しかし、その結果、すべての実践は、個人の対話能力に寄るところが大きくなり、牧会者の不安はかえって増加するとも考えられる。こうして、新たな不自由に支配されるという事態も起こりうる。

タケは、「神の名の保護領域」においては「平静さと確信」[29]が与えられると述べる。この「平静さと確信」が、対話に自由をもたらし「全く神の事柄として委ねると同時に、全く人間が配慮すべきこととして進めることができる」[30]。この「平静さと確信」は、「神が共におられる」という存在論的な「神の名」のみから来るのではない。牧会的対話において「配慮への自由」をもたらす「神の名」は、神ご自身が、目の前の人間の抱える問題に配慮してくださる神であり、解放をもたらす神であり、忍耐をもって人間を愛する神である。牧会者自身が聖書の御言葉に親しむことを通して、この「神の名」を表され、確信をもって、自由に、主体的に魂の配慮を行うことができる。神の名は、主体的に配慮する行いへと、人間を駆り立てる。そして牧会者は、その自由な「神の名」に圧倒され、牧会者自身の限界を超えて、愛と忍耐をもって自ら配慮へと向かうようにされるのである。

「神の名」のもとでの自由は、牧会者に与えられるだけでなく、対話の相手にも、また対話のプロセス全体においても与えられる。これについてさらに考察するために、ナラティヴ・アプローチとの対話を試みる。

第二節　牧会的対話のプロセスにおける自由

―ナラティヴ・アプローチとの対話から

（1）固定した関係からの自由（対話に主体的に参加する自由）

まず、ナラティヴ・アプローチにおいては、どのような自由が目指されるのだろうか。ここには、大きく二つの自由があると考えられる。一つは、従来の治療的関係における〈医者―患者〉

〈セラピストークライエント〉〈牧師―信徒〉といった固定した関係からの自由である。従来の治療的関係では、治療や援助の専門家が、クライエントの抱える問題の本質を、専門的知識や技術によって分析、理解し、クライエントの問題に対して、何らかの解釈や助言を与えるということが行われる。

アンダーソン&グーリシャン（Anderson & Goolishian）の論文には、自分にとって効果的ではなかった専門家との対話の経験を振り返っている人の言葉が記録されている。

「…あなたたち専門家はいつも僕を調べようとする。僕と話し合う方法を探すのではなく、あなたたちにわかっていることを僕がわかるかどうか調べるんだ。『これは灰皿ですか』と、僕がわかるかどうか質問する。まるで、あなたたちにわかることが僕にもわかるかを試したいかのように…しかし、それは、僕を一層怯えさせ不安にさせるだけだった。もし、あなたたちが、僕がどれほど怯えているかをわかって話してくれていたら。どうしてそんなに気が狂ってしまわなければならないか理解してくれていたら、僕は、この人生を脅かすような不安に対抗できるくらい、もっと強くなれていたと思う。…[31]」

この人は「妄想型分裂病と診断され、何度も入退院を繰り返していた[32]」と報告されている。専門家は、相手が抱える問題を、専門的な知識によって分析し、その症状に合わせた助言を行うのであるが、本人がその問題に対してどのような受け止め方をしているかということには触れないまま、対話が進められることがある。このような対話においては、診断のためのリストからその人を見ることはできても、その人本人やその人の抱える真の問題にアプローチすることはできない。

ナラティヴ・アプローチは、このような従来の治療的関係から自由になる方向へと発展してきた。そこでは、問題を抱えて苦しんでいる本人が、その問題のエキスパートであり、自分自身の人生について最もよく知っているという理解をもって、対話が進められる。[33] 専門家が上から知識を与えて、問題を抱える当事者がそれを聞いて生活を改善し、また言われた通りに実践するというものではない。セラピストは、無知の姿勢で相手の話に傾聴することが重要な役割となる。無知の姿勢について、ナラティヴ・アプローチの実践家である、アンダーソン&グーリシャンは次のように説明している。「無知の姿勢とは、セラピストの旺盛で純粋な好奇心がその振る舞いから伝わってくるような態度ないしスタンスのことである。つまり、セラピストの行為や態度は、話されたことについてもっと深く知りたいという欲求を表わすもので、クライエント、問題、変化すべきものについての前もって用意された意見や期待を表わすものではない。したがってセラピストは、クライエントによってたえず『教えてもらう』立場にある[34]」。

このように、「クライエントこそ専門化」という考えをもって対話のプロセスが進められることにより〈セラピスト—クライエント〉の関係は、変化しうる自由な関係になり、両者は対等に対話を進めることが可能となるのである。セラピストが対話の主導権を握るのではなく、両者が主体的に対話に参加する自由をもち、特にクライエント自身が生きている世界を十分に語る自由が保障されることが重要となる。これを〈牧師―信徒〉の関係にも置き換えることができる。信徒から相談を受ける牧師が、何らかの答えや助言を言うという固定した関係性から自由になり、問題を抱えて牧師のところに来た本人自身が、その問題の専門家であると考えることは、その人自身に働く「神の名」を尊重することでもある。対話の相手が対話に主体的に参加する自由を保障することは、「神の名」の働きを正しく見ることにもつながる。

（2）問題による支配からの自由（主体的に問題と関わる自由）

ナラティヴ・アプローチにおいて目指されるもう一つの自由は、ある問題を抱える人が、その問題を見る視点に関係する。治療的関係においては「問題」に焦点を当てて対話が進められる。そこでは、前述したアンダーソン&グーリシャンの事例のように、その人個人の人格が無視されたまま、対話が進められてしまうことがある。そうすると「依存症」や「うつ病」あるいは「自閉症」などという診断名が、その人本人と等しく扱われ、本人も「問題＝自分」というレッテルを自分で貼るようになってしまう。診断やアセスメントは「問題＝自分」という見方を助長してしまうことがある。このような治療的関係における対話においては、本人の生活における様々な力や、ユニークな可能性については話し合われない。

また、一旦診断名がつけられると、周囲の人間もオリジナルなその人としてではなく「自閉症」「うつ病」として見るようになってしまうことが起こりうる。そうなると、本人はますます自分は問題であると認識し、自己肯定感が低くなってしまい、さらなる問題を引き起こすという悪循環にもなりかねない。

また、本人も周囲の人間も、問題の原因詮索をしてしまうことにもつながる。「こんな病になったのは自分のせいだ」と自分の内側に原因を求めるか、または誰か他の人、あるいは環境などといった、自分の外側に原因を求めることになる。自分の内側に原因を求めることを「原因の内在化」といい、自分の外側に原因を求めることを「原因の外在化」という[35]。原因の内在化も、原因の外在化も、問題解決にはならない。

そこで、ナラティヴ・アプローチにおいては「問題の原因」ではなく「問題そのもの」を外在化すること、すなわち問題と自分自身とを切り離すことに取り組む。「その人が問題なのではなく、その問題が問題なのである」[36]。問題の外在化のための対話においては「人々の人生に影響を与えている問題から人々自身を引き離して考えられるような空間を人々のために創造する」[37]。問題に影響されているだけの時には、自分自身で問題に向き合う能力は自分にはないと、自分の力に自信をもつことができない。問題に支配されたままである。しかし、自分自身から問題を切り離して考えられるようになると、問題に対して自ら主体的にかかわる自由を得るようになる。

第三節　神のたとえ話としての牧会

(1) ナラティヴ・アプローチの事例における二つのパースペクティヴ

ここで、ナラティヴ・アプローチの考え方に基づいて行われた牧会的対話の二つの事例を分析することを通して、「神の名」が牧会的対話のプロセスにおいてどのように働くのかを明らかにしたい。

一つは、四章でも紹介した、エドワード・P・ウィンベリーの事例である。来談者は、レスティンという、聖書に日頃から慣れ親しんでいる黒人男性で、コカインの問題をもっていた。[38] 対話の詳しいやりとりは、ここでは省略するが、レスティンは、自分自身を聖書物語のゲラサの悪霊に取りつかれていると考えていた。しかし、神は自分を救わないという考えをもっていた。[39] 一方で、本人がほとんど自覚していないところで影響を受けている、個人的な神話があった。それは、怒っている人の犠牲になり、自己を抑圧し、自尊感情を失うことであった。そのことが、周期的なコカインやアルコールの乱用による自己破壊的な行動に結びついていた。[40]

ウィンベリーは、レスティンの中に、聖書の中の物語と、個人的な神話の二つの物語が影響していると見ていた。そして、ルカによる福音書八章二六―三九節の、ゲラサの悪霊に取りつかれた人を癒す物語を「彼の個人的な神話をひっくり返す力をもつものとして[41]」捉えた。レスティンは、聖書の物語を解釈する際に、悪霊に取りつかれた人が経験したのと同じ癒しを、自分も経験することが救いであると捉えていた。そこでウィンベリーは、「彼の人生の中で既に起こっている、かすかな隠れた悪霊払いを彼が見分けるのを助ける[42]」ことを対話の目標として定めた。そして、自分が何もしなくても、神が働けば、すぐに悪霊が消え去ると考えていたレスティンが、神の働きのプロセスに目を向けるようになったとき、彼自身も薬物治療を受けることを決心したのである。ウィンベリーは、悪霊払いの物語のパースペクティヴと、個人的な神話のパースペクティヴの二つを想定して対話を行った。そして、悪霊払いの物語に対する認識の枠組みがチャレンジを受け、変化することを通して、個人的な神話にも変化が生じ、依存からの回復へと向かうプロセスが始まったのである。

もう一つの事例は、チャールズ・V・ガーキンの事例である。来談者は、プロの建築家である、ティムという四〇代の男性。周期的な鬱の影響で、アルコールへの依存傾向があった[43]。彼は、自分の妻や会社の上司が、彼に期待することを成し遂げられないという、不十分さや無能さの感覚をもっていた[44]。

ガーキンは、ティムとの対話の中で、彼の中から出て来たたとえ話と、神話的枠組みの二つのパースペクティヴに注目している。対話の中で扱われたたとえ話は、自分の車についての話であった。ティムは、古いアメリカ製の、燃費の悪い車を、フォルクスワーゲンのラビットに買い替えるという話をしたとき、ラビットを「より自分のサイズの」車であると言っていた[45]。ある日、会社帰りに相談に来た時、ティムは会社の駐車場での出来事を話した。会社の駐車場で同僚の車と出会い、両方とも一方通行の出口に向かっていた。積極的で成功主義者の若い同僚は、新しいシルバーのメルセデスベンツに乗っていた。同僚は彼に手を振り、エンジンをふかして通りに出て行った。彼は、来る途中考えていた。「私はラビットでいいのか、それとも、シルバーのメルセデスベンツに乗った彼と一緒に、早いレーンで走りたいのか」と。[46] ガーキンは、彼のこの経験を、ティムが対峙すべき、選択肢に注目するたとえ話として捉えた。そして、彼との対話のプロセスの中で「早いレーン」と「遅いレーン」について話し始めたとき、ガーキンは「真ん中のレーン」についても提案した。[47] ある時ティムは野心が芽生え、衝動的にラビットを派手な高級スポーツカーに買い替えた。しかしそれは、長旅に出ると背の高い彼の背中を痛めるため、満足しなかった。[48] そうこうしているうちにティムは、仕事において自分のスキルを主張し、また家庭においても妻の要求によって脅威にさらされることが少なくなった。それは、自分の限界を受け入れ、同時に自分の能力を評価することを覚えたことによるものであった。[49]

ある時、再び新しい車を買う話になった。今回は、メルセデスベンツでも、フォルクスワーゲンでもない。しかし、高く評価されている、ヴォルヴォのスモールセダンであった。彼は言った。「これは真ん中のレーンにとってちょうどいい車だ」と。[50]

ガーキンは、ジョン・ドミニック・クロッサン（John Dominic Crossan）のたとえ話の解釈の助けを借りて、たとえ話は神話的な世界を覆し、新しい可能性を開くと述べる。[51] ウィンベリーも、ゲラサの悪霊に取りつかれた人を癒す聖書の中の物語が、レスティンの「個人的な神話をひっくり返す力をもつ」と捉えていた。両者は、たとえ話（聖書の中の物語）と個人的な神話という二つのパースペクティヴをもって行なった対話において、たとえ話（聖書の中の物語）の方に焦点を当てることによって、個人的な神話の物語を書き変えることに成功している。このことから、対話のプロセスにおいて、たとえ話（聖書の中の物語）を発見すること、そして二つのパースペクティヴをもって対話を進めることが、ナラティヴ・アプローチにおける、ドミナントストーリーからオルタナティブストーリーへの書き換えを助ける役割を担うと考えられる。

（2）神のたとえ話としての牧会

では、個人的な神話を覆すようなたとえ話とはどのような性質をもつのだろうか。ガーキンはクロッサンの聖書解釈における「たとえ話における三つの同時的モード」[52]を紹介する。この三つのモードとは、「神の賜物としてのアドベント」、「受取手の世界の逆転」、そして「人生と活動へのエンパワーメント」[53]である。この三つのモードは、たとえ話の中に同時的に含まれている。しかし、それぞれに固有の役割をもって機能する。中でも「神の賜物としてのアドベント」は、マタイ一三・四四の天の国のたとえ話において、畑の中に隠されている宝を見つけた時のように、それを見つけた時点で、「受け取り手の世界の逆転」と「人生と活動へのエンパワーメント」の物語が含まれているのである。[54]ガーキンは、ティムとの対話における車のたとえ話の発見に、アドベントの性質を見ている。そして、小さくてあまり重要でないとみなされていることが、突然、神秘的に、人生の鍵となる要素を含んでいるものとして発見されると述べている。[55]牧会的対話のプロセスにおいて、対話の相手の神話的物語を覆し、人生と行動への新たなチャレンジを与えてくれるようなたとえ話の発見を目指すことが、対話が目指す方向性の一つとして与えられている。

また、「受取手の世界の逆転」とは、イエスの十字架における死と復活に見られるように、たとえ話の受け取り手の世界をひっくり返し、その人が前提条件としていることに根本的な問いを投げかける。[56] レスティンの事例において、ゲラサの悪霊にとりつかれた人の物語を、牧会者であるウィンベリーがレスティンの神話をひっくり返す力をもつものとして発見したことは、牧会的対話において大きな意味をもった。そして「神が自分を助けることはない」という神話に縛られていたレスティンが、対話のプロセスを通して、自分の人生の中に起こっている、小さくて隠されている悪霊払いを見分けるようになった時、神が自分にも働かれていることに目を向けるようになった。ここに「受け取り手の世界の逆転の性質」をみることができる。そして「人生と活動へのエンパワーメント」は、マタイ五・四四「敵を愛し、自分を迫害する者のために祈りなさい」というイエスの言葉のように、決然とした行為、即座に情熱をもった決心を要求するものである。[57] 悪霊払いが起きることを求めつつも、神が自分に働かれることはないという神話に縛られていたレスティンが、自ら主体的に治療のプロセスに取り組むようになったことは、彼の人生における前向きな変化であっただろう。ここに「人生と活動へのエンパワーメント」の性質を見ることができる。

このように、対話において他者によって何気なく用いられる、たとえ話的性質の語りの中に、まるで宝物を発見するように、イエス・キリストの受肉、十字架と復活、および昇天、そして聖

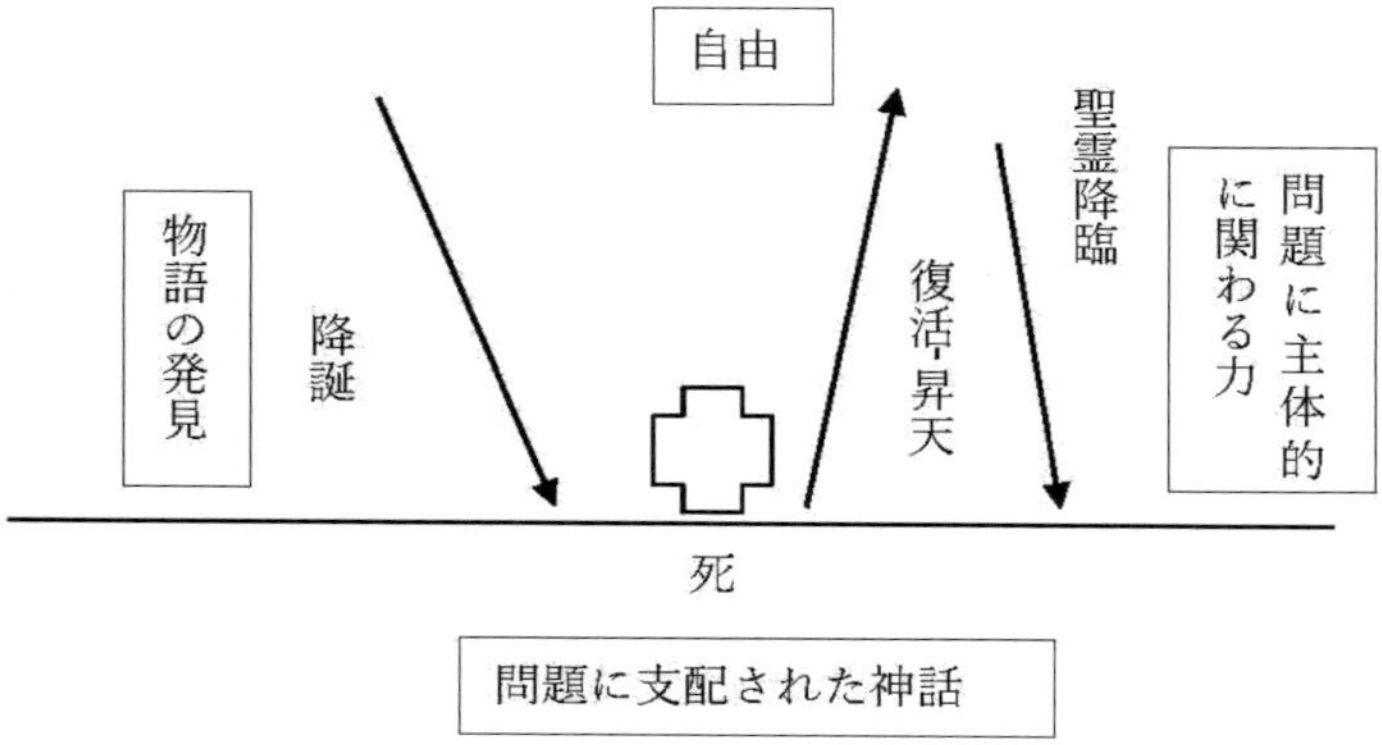

図1 神の救いの物語とナラティヴ・アプローチのプロセス

霊降臨の、神の救いの物語を見るのである（図1参照）。それらは、はじめから明らかにされてはいない。しかし、対話のプロセスにおいて、小さなかけらのように見えることが、突然、その人の人生に大きな意味をもつ重要な物語として見えてくることがあるのである。

個人的に縛られている神話を覆す聖書の中の物語や、たとえ話的要素の物語を、対話の相手が生きている世界の中から発見し、牧会的対話において共にその物語と向き合うプロセスが、対話に方向性と力を与えることとなる。

ガーキンは、「最もよいたとえ話は、カウンセリングのプロセスにおける『適した時』にシンプルに起きる」[58]と述べる。牧会者が、聖書の中の物語からふさわしい物語を探し出して、提示しなければならないと考える必要は、必ずしもない。来談者の中に自然に生じている経験が、その人を理解するために重要なキーワードを与えてくれるのである。この姿勢は、ナラティヴ・アプローチの「クライエントこそ専門家」という理解にも通じる。

その上でガーキンは、個人の抱えている神話を転覆させる機能をもつたとえ話の性質から、牧会的対話の性質を次のように表現する。「牧会的関係それ自体が、たとえ話のようになり、他の人の物語に新しい転換を与え、物語に新しい生きた可能性を開く」[59]と。牧会的対話において、対話の相手が語る言葉に聴き、神の救いの物語との結びつきを探し出そうとする時に、どうしても牧会者自身の立ち位置は外側に置かれているようにイメージしてしまう。しかし、「牧会的関係それ自体がたとえ話となる」と言う時に、牧会者自身もたとえ話の中に入り込み、むしろそれを体現する者となることが目指される。

タケが、牧会を「神の名の保護領域」という概念のもとで「神の名の現臨は、人間を統制する」と述べていたことを先に述べた。神がどのようなお方であり、どのような意志や思いをもって目の前のその人を見ておられるかを見ること、その自由な神の名に牧会者自身が圧倒され、自身の限界を超えて愛と忍耐をもって配慮へと向かっていく者とされることを論じた。このことと合わせて考えるならば、人間の現実の中に神が共におられる（インマヌエル）ことが、イエス・キリストにおいて実現したことを、目の前の人の人生において見ること。すなわち、キリストの降誕、十字架の死と復活、昇天の物語が、牧会の場に参与する一人一人の人生において働き、圧倒するのを味わい見る者として、牧会者の存在がそこにあるということ。そして、牧会者自身がそのキリストと結びついて神のたとえ話となることが、牧会において目指されるのである。そのようにしてかかわる牧会的対話のプロセスは、神の愛の中を主体的に生きるようになるというプロセスを共に歩むこととして理解することができる。「神のたとえ話としての牧会」は、牧会者の存在のあり方のみならず、対話のプロセスを含めた牧会における関係性そのものを示していると言うことができるだろう。

要約的考察

この章では、タケにおける「神の名の保護領域」の概念が意味するものを明らかにし、ナラティヴ・アプローチとの対話を行うことを通して、牧会的対話のプロセスを支える牧会の基礎づけを行うことを目的とした。

タケが、「神の名の保護領域」という概念を用いて牧会について述べる時、牧会者、対話の相手、対話のプロセスのどれもが神の名のもとに置かれていると語るが、[60] その強調点は牧会者に置かれていた。そして、牧会的対話のプロセスのすべてにおいて、神の名が共におられ、積極的にかかわりをもつことに信頼することが、牧会者に求められた。それによって、牧会者は、自身の不安や恐れ、あるいは心理的圧迫から解き放たれ、「平静さと確信」が与えられると考えられる。[61]

しかし、神の名の存在と働きは、牧会的対話のプロセスにおいても見られる。それだけではなく、対話の相手の経験の中に、既に働いている神の働きがある。そのことが、対話における問題の外在化と書き換えのプロセスに焦点を当てるナラティヴ・アプローチとの対話によって、明らかとなった。そして、対話において、その人が縛られている個人的な神話を覆すような、聖書の中の物語や、たとえ話的要素の物語を発見し、出会うこと。その物語の中に、神の救いの物語の三つの要素「神の賜物としてのアドベント」「受取手の世界の逆転」「人生と活動のエンパワーメント」を見出し、結びつけることを通して、神の救いの物語の広がりの中に置かれることが、牧会的対話において重要であることが明らかとなった。しかし、牧会的対話の中で、個人的な神話を覆すようなたとえ話を見出さなければならないというプレッシャーが、牧会者を不自由にしてしまうことも考えられよう。その意味で、「神のたとえ話としての牧会」という視点は、イエス・キリストによって実現した神の救いの物語の中に、対話の相手も、牧会的対話のプロセスも、そして牧会者の存在も、すべてを包み込み、巻き込み、方向性を与える。

ボーレンは、説教学における聖霊論的な働きを、特に「神律的相互作用」という概念を用いて説明している。「神律的」とは、「自律的」の反対であり、神と人との関係において、「実践がみ言葉によって規定される」[62]ことである。これを、牧会において説明するならば、対話の相手の人生の中に既に働いておられ、対話のプロセスにおいて働かれる「神の名」、すなわち「共におられる神」の働きを見ることが重要な鍵となる。この「神の名」は、共に存在するというだけではなく、積極的に働かれるのである。「神の名」は、すなわちイエス・キリストにおいて既に成就している、神の救いの物語である。対話の相手も、牧会者自身も、対話のプロセスも、すべてが神の救いの物語の中に入れられていると見ること、そして「神のたとえ話」として神の存在と行為を対話に相応しく届け、共に分かち合うことが、神律的相互作用の牧会における適用であると言えるだろう。「神のたとえ話としての牧会」という基礎づけのもとに、今後さらに具体的な実践による考察が深められ、問われ続けていくことを期待したい。

注

1 ラウター&メラー「ヘルムート・タケ」、二一二—二一七頁参照。

2 Tacke, *Glaubenshilfe als Lebenshilfe*, SS.77—89.

3 Ibid.,77.

4 Cf. Bukowski, *Die Bibel ins Gespräch bringen*, 17.

5 新共同訳聖書の日本語訳を使用。

6 Cf.Bukowski, Die Bibel ins Gespräch bringen, op.cit., S.17.

7 新共同訳聖書は「わたしはある、わたしはあるという者だ」、RSVでは、"I am who I am"、また聖書協会共同訳（二〇一九）では、「私はいる、という者である」と訳されている。大野はこの訳について、「存在論的に解するよりも実存的に解した方が、『わたしがお前と一緒だ』（三章一二節）と言われる神の実存性と合致する」（『旧約聖書入門三 現代に語りかける出エジプトと契約』、新教出版社、二〇一九年、六二頁）と述べている。一方、岩波訳（木幡藤子・山我哲雄訳『旧約聖書Ⅱ出エジプト記レビ記』、岩波書店、二〇〇〇年、一二頁）では「わたしはなる、わたしがなるものに」と訳されており、著者はこの訳が出エジプト記全体の文脈においてふさわしい訳であると考える。

8 木幡藤子「出エジプト記」『新共同訳旧約聖書注解Ⅰ 創世記―エステル記』、日本基督教団出版局、一九九六年、一二五頁参照。

9 ツィンマリ『旧約聖書神学要綱』樋口進訳、日本基督教団出版局、二〇〇〇年、三〇頁。

10 同右、二九頁。

11 Tacke, *Glaubenshilfe als Lebenshilfe*. 77.

12 Ibid,78.

13 Cf., ibid,77.

14 Ibid.

15 Cf.,Tacke, *Mit den Müden zur rechten Zeit zu reden*, S.57.

16 この議論は、三位一体論における「存在論的三位一体」と「経綸的三位一体」の区別（Cf., C. Van Til, An Introduction to Systematic Theology,Philipsberg,1955, 231―237）にも関わる。すなわち、父・子・聖霊の存在のあり様について語ることと、父・子・聖霊のそれぞれの人格と役割をもってこの世界にどのように働かれるかについて語ることとの違いである。「神は共におられる」と語られ、日常の経験における神の働きについて語られないとすれば、「存在論的三位一体論」のみが考えられている。それは、観念的・形而上学的な神として檻に入れているのと同じことである。牧会の実践においては、「経綸的三位一体」について考えられる必要がある。

17 *Tacke,Glaubenshilfe als Lebenshilfes*, S.77.

18 アントン・ボイセンが、「行動する神学（Doing Theology）」を提唱したことも、この議論とのつながりをもって考えることができよう。ボイセンは、神学を頭で学ぶだけでなく、苦難を抱えながら生きている人のLiving Human Documentを通して学ぶことを提案したのであるが、いかにして神学的パースペクティヴをもって叙述するか、についての議論を積み上げることが今なお課題なのである。

19 Tacke,*Glaubenshilfe als Lebenshilfe*, S.78.
20 Ibid.
21 Ibid.
22 エーリッヒ・フロム『自由からの逃走』日高六郎訳、東京創元社、一九五一年、三四―四九頁参照。
23 Tacke, *Glaubenshilfe als Lebenshilfe*,, S.77 .
24 Cf., Bukowski, *Die Bibel ins Gespräch bringen*, S.17-18.
25 Cf., ibid., S.23.
26 Cf.,Scharfenberg, *Seelsorge als Gsspräch*, S.11.
27 Tacke, *Glaubenshilfe als Lebenshilfe*, S..84.
28 Ibid.
29 Ibid.88 .
30 Ibid.
31 アンダーソン&グーリシャン「クライエントこそ専門家である―セラピーにおける無知のアプローチ」S・マクナミー、K・J・ガーゲン編『ナラティヴ・セラピー―社会構成主義の実践』野口裕二、野村直樹訳、金剛出版、一九九七年、五九頁。

32 同右、六〇頁。
33 同右、五九―八八頁参照。
34 同右、六八頁。
35 野口『物語としてのケア』、七一頁参照。
36 シェリル・ホワイト、デイヴィッド・デンボロウ編集『ナラティヴ・セラピーの実践』小森康永監訳、金剛出版、二〇〇〇年、一三頁。
37 同右、一四頁。
38 Cf., Wimberly, op. cit., p.28.
39 Cf., ibid, p.29-30.
40 Cf., ibid, p.36-37.
41 Ibid, p.44.
42 Ibid, p.45.
43 Cf., Gerkin, *The Living Human Document*, p.171.
44 Cf., ibid.
45 Cf., ibid, p.172.
46 Cf., ibid.
47 Cf., ibid, p.173.

48 Cf., ibid.
49 Cf., ibid.
50 Cf., ibid.
51 Cf., ibid, p.169.
52 John Dominic Crossan, *In Parables : The Change of the Historical Jesus*, New York: Harper & Rpw,1973,p.117
53 Ibid,p.36
54 Cf., Gerkin, op. cit., p.175.
55 Crossan, op. cit., p.37
56 Ibid,p.64
57 Ibid,p.81
58 Gerkin, op. cit., p.171.
59 Ibid, p.176.
60 Cf.,Tacke,*Glaubenshilfe als Lebenshilfe*, S.77.
61 Cf., ibid, S.88.
62 R・ボーレン『神が美しくなられるために―神学的美学としての実践神学』加藤常昭訳、教文館、二〇一五年、一一二頁。

結論

本書においては、「牧会とは何か」という問いのもとで、アメリカおよびドイツ語圏の議論の歴史を整理・分析し、牧会の独自性の鍵となる要素を導き出し、その上で、牧会的対話のプロセス全体を支える牧会の基礎づけを行うことを目的として論じてきた。最後に、結論として、本研究の成果を整理し、今後の課題を提示したい。

第一節　各章における成果

まず、序論では、日本の牧会学に影響を与えているドイツ語圏およびアメリカの牧会学において、牧会とは何かという問いについて、どのような議論がなされてきたかを知るために、この問いに向き合った牧会神学者たちの理論を概観した。ドイツ語圏では、主に神の言の神学の流れにある牧会神学者たちがこの課題に向き合い、教会の枠組みの中で、説教の延長線上に牧会を位置づけてきたことが明らかになった。中でもトゥルンアイゼンの「断絶線」の概念が、牧会の独自性の中で重要な鍵となる概念であること、その後の牧会神学者が、トゥルンアイゼンをどう乗り越えるかという課題に取り組んできたことを確認した。また、第二次世界大戦後に、牧会のニーズが高まったアメリカにおいて、急速に牧会カウンセリングが発展する中で、牧会とは何かという課題に取り組んできたヒルトナーが、牧会を「シェパーディング」という概念で表わし、牧会に独自の「視座」があることを提示していたこと、またオーツが「神学的準拠枠」という概念を用いて、独自の牧会神学的理論を明らかにしたことを確認した。

続く第一章では、二〇世紀以降のアメリカの牧会学に焦点をしぼり、理論と実践の相克の歴史という視点で概観した。二〇世紀初頭から、医療との協働による牧会の実践が始まり、そこから、知識偏重の神学教育の在り方を転換する「行動する神学」という理論をもった、臨床牧会教育が生み出されたことを確認した。それと同時に、この取り組みの中で、牧師はカウンセラーなのか、それとも牧師には独自のアプローチがあるのかという問いも始まっていたことも明らかとなった。戦後、人々の心理的・精神的ニーズが高まると、牧会カウンセリング運動が大きな広がりを見せたこと、その中にあって、人々のニーズに応えるための牧会カウンセリングの帰納的方向性と、牧会に独自の理論づけを強調する演繹的方向性の二つの傾向が見られたことを確認した。そして、牧会カウンセラーの資格化にまつわる議論の際に、この二つの傾向の牧会神学者の意見が真っ二つに分かれたことを確認した。牧会カウンセリングの展開に伴い、牧師とは誰なのか?牧会とは何なのか?ということが、なし崩し的に曖昧になってしまうことへの危惧が叫ばれたことから、この問いに向き合い続けることの必要性について論じた。さらに一九六五年から今日に至るまで、世俗化と多元主義化の傾向を受けて、牧会カウンセリングは大きく動かされ、多様性の拡大に対応する動きとして「パストラル」から「スピリチュアル」へとその概念をシフトさせていく流れがあることも確認した。アメリカの牧会学における、理論と実践の相克の歴史を概観し、今日改めて、牧会の独自性を問う牧会神学の重要性が明らかとなった。「スピリチュアル」というキーワードによって、特に教会の外にいる人々との対話をも含めた豊かな実践が積み重ねられていることは、注目すべきことである。これと平行して「牧会とは何か」という問いがさらに深められていく必要があるだろう。

第二章では、戦後日本の神学教育において、アメリカやドイツの牧会学をどのように受容し、実践されていったのかを、牧会学の内容と位置づけを通して確認した。戦前から、日本の「牧会学」は、「教会における牧師の働き全般」として、牧師の職務経験に基づいた内容を指していた。当時は、他の神学領域の「応用神学」としての位置づけであったが、今でいう「実践神学概論」と同じ位置づけをもつ重要性をもっていた。しかし、大学の組織における神学教育は、政府の規定に適合させたカリキュラム編成がなされ、「牧会学」は「実践神学」の各論の一つとして位置づけられるようになったことを確認した。それ以降、「牧会学とは何か」という議論が十分になされないまま、アメリカの牧会カウンセリングやトゥルンアイゼンの「牧会学」の導入がなされた。この時期、牧会における心理学の位置づけについて議論がなされたが、トゥルンアイゼンの牧会学を排他的に理解していた神学者から、牧会カウンセリングへの批判がなされたことは、牧会カウンセリングや臨床牧会教育の導入期に痛みを残したことを確認した。そして、「牧会学」は七〇年前後に起った学生紛争の影響も受け、理論と実践の二極化の現象は、今なお課題となっていることが明らかとなった。日本の教会において、理論と実践の二極化ではなく、牧会とは何かという課題に牧会神学的基礎づけを行い、臨床心理学との対話に開かれた牧会実践を展開していく、第三の道を見出すことの必要性を確認した。その為には、二極化のきっかけともなった、トゥルンアイゼンの牧会学を受け取り直す必要性があると考えられた。

そこで第三章では、トゥルンアイゼンの「断絶線」の概念について、この概念の意味を明らかにし、トゥルンアイゼンに対する批判を検証し、理論と実践の乖離ではなく、それを乗り越えるための批判の方法について考察を行った。そこでは、トゥルンアイゼンの「断絶線」の概念は、人間の判断と神の判断の差異を明確にすることによって、人間の判断には限界があることを示し、「断絶線」を越えて働く神の働きがあることを主張する概念であることが明らかとなった。

しかし、トゥルンアイゼンは、神の言葉の上からの「告知」にあまりにも固執し過ぎることによって、この理論に基づいて対話を行う際に一方的で独断的になり、対話の相手の言葉に十分に聴くことができないという事態を招きかねないとの批判を受けてきた。一方、このトゥルンアイゼンに対する批判者の批判の方法に、問題があることが指摘された。批判者は、教育学のエーリッヒ・ヴェーニガーの理論における、実践家の理論としての第二次理論の次元での批判に留まっていた。トゥルンアイゼン自身、実践家の理論としては、相手の話を聴かなければならないことは十分理解していた。したがって、実践家の理論の次元で対話をしていては、かみ合わないままである。理論家の理論としての第三次理論で対話をする必要がある。しかし、牧会カウンセリングの立場の批判者は、カウンセリングの理論の枠組みで批判をするに留まっており、同じ土台に立った対話を行うには至っていないことが明らかとなった。トゥルンアイゼンが「断絶線」を越えて働く神の働きがあることを主張したことは、今日牧会とは何かということを考える上でも重要なことである。そこで、これを継承する立場からの批判的継承の必要性があると考えられた。

第四章では、神の言の宣教とのかかわりで牧会について考え、トゥルンアイゼンを批判的に継承する、ヘルムート・タケの「聖書に方向づけられた牧会」を、トゥルンアイゼンや、タケの弟子のペーター・ブコウスキーの理論と比較しながら考察した。牧会的対話における聖書の位置づけについては、トゥルンアイゼンが、上からの言葉としての聖書の位置づけであったのに対し、タケは関係の言葉として聖書を位置づけていた。牧会においては、聖書における神と人との関係と、対話における神と人との関係を結びつけること、そのことによって信仰の助けが目指されることが明らかとなった。一方、ブコウスキーは、人生の助けとして聖書を位置づけ、牧会の目的としたことによって、牧会の独自性が曖昧になっていることが指摘された。また、心理学との関係について、トゥルンアイゼンは「ひとつの補助学」として心理学を位置づけていたが、タケやブコウスキーは心理学から学ぶことの重要性を、より強調していた。臨床心理学から学ぶことによって、対話の自由を確保しつつ、トゥルンアイゼンが強調した、人間の限界を越えて神が働くということ、またタケが強調した神と人間との関係において、神が牧会するという視点を、牧会のプロセスにおいてどのように基礎づけるかが課題として挙げられた。

続く第五章では、「聖書に方向づけられた牧会」の「聖書」の意味と役割について考察を深めるために、牧会カウンセリングにおける聖書の役割に注目した。そこでは、聖書を用いる牧会カウンセリングのアプローチとして、ビブリカル・カウンセリングとナラティヴ・アプローチの二つのアプローチにおける聖書の役割と目的について概観し、比較分析を行った。牧会カウンセリングの実践において、聖書が人間の深いところに届き、変化をもたらすことができるという聖書の役割を主張している点で、両者は共通していた。ここで、「聖書の十分性」というキリスト教の教理が共通の課題として挙げられた。ビブリカル・カウンセリングのヒース・ランバートは、牧会の具体的実践における、この教理の適用を証明していた。一方、聖書のテキストの字義通りの解釈によって罪人の誤りを正すアダムズの理論の問題性を十分認識していないことが指摘された。これに対し、ナラティヴ・アプローチのフライやローグリンは、対話における「適合」という概念を用いて、多様な聖書解釈の可能性を前提とし、対話のプロセスを通して、その人にとって唯一の真理を指し示すのに「十分」なテキストがあるという理解を提示していることが明らかとなった。ナラティヴ・アプローチにおける開かれた対話のプロセスから学ぶことを通して、対話のプロセスを支える牧会の基礎づけを行うことの必要性が考えられた。

そして、第六章では、トゥルンアイゼンを批判的に乗り越えようと試みた、タケの「神の名の保護領域」という概念の意味を明らかにし、ナラティヴ・アプローチとの対話を通して、牧会のプロセスを支える牧会の基礎づけを行うことを試みた。そこでは「神の名」は、「神はわたしたちと共にいる」と存在論的に理解されるのみでなく、「対話のプロセスにおいて神が働かれる」と、行為論的に理解されることの必要性が考えられた。存在論的な神の名の理解は、神の存在と人間の努力とが分離して捉えられ、「神が共におられる」という現実が脇に置かれ、牧会的対話のプロセス自体は臨床心理学の方法論にすべてを譲ってしまう可能性も指摘した。

タケは、「神の名の保護領域」において、意思をもって積極的にかかわりをもつ「神の名」の存在が、平静さと確信を与え、配慮への自由をもたらすことを主張していたが、そこにおいては、牧会者自身の問題が強調されていた。

著者は、自由な対話のプロセスに焦点を当て、ナラティヴ・アプローチとの対話を通して、牧会的対話のプロセスを支える牧会の基礎づけを試みた。ナラティヴ・アプローチの「クライエントは専門家」という視点や「問題の外在化」の取り組みは、主体的に対話に参加する自由と、主体的に問題と関わる自由を与えることが考えられた。さらに、ウィンベリーとガーキンの事例から、たとえ話的要素の物語と、個人的神話という二つのパースペクティヴがあり、個人的神話を覆す、たとえ話的要素の物語や、聖書の中の物語を発見することによって、問題による支配からの自由へと個人的神話を書き換えることの可能性が考えられた。そして、この物語の中に、神の救いの物語を発見し、結びつけ、神の救いの大きなパースペクティヴの中に身を置くことが、牧会的パースペクティヴにおいて重要であることが考えられた。ここでは「神のたとえ話としての牧会」という視点をもつことによって、イエス・キリストによって実現した神の存在と行為の中に、対話の相手も、牧会的対話のプロセスも、そして牧会者の存在も、すべてを包み込み、巻き込み、方向性を与える、包括的な基礎づけの一つの可能性が開かれた。

牧会的対話のプロセスは、個人の縛られている神話からの解放と自由を与える可能性に開かれている。そして、そこで重要なことは、人間の限界を超えて働く神の働きとしての神の救いの物語が迫り来るようにして、その人の世界の中に入り込む驚きと喜びである。牧会的対話は、どのような困難や悲しみの現実の中にも共におられる「神のたとえ話」そのものである。

第二節　本研究の総括と今後の課題

各章において、何が明らかにされたかを確認したが、ここでは全体を総括的に考察し、今後の課題を挙げたい。

(1) 牧会学における理論と実践の相克という課題

牧会学の歴史における理論と実践の相克は、ドイツ語圏やアメリカにおいては、それぞれに総括されているが、本書は、両方から影響を受けている日本における状況も含めた総括を行った点で、意義深い。この課題は、日本の牧会学における課題として取り組まなければならない。その取り組みの事始めとして、トゥルンアイゼンの再解釈を行い、トゥルンアイゼンが「断絶線」の概念で意図したことは、人間の限界を超えて働く神の働きの強調であったことが考えられた。この視点は、今でも決して古くない主張であり、牧会学における臨床心理学との対話において大切な視点である。トゥルンアイゼンの牧会学の意義を改めて見出すことができたことも、本書の成果といえるだろう。

他方、このトゥルンアイゼンの概念や、それに基づいて行う牧会の実践が、一方的で独断的であることが、牧会学における理論と実践の相克を深めてきた歴史があった。本書では、これを解決する一つの方法として、教育学の議論の助けを借りた。互いに立場の異なる者が議論するとき、議論している次元が異なったままで、かみ合っていないことがある。牧会学におけるトゥルンアイゼン批判において、それが顕著にみられた。教育学のヴェーニガーの区分は、この問題を考える上で有効であった。これまでの議論では、牧会カウンセリングの実践を展開する立場から、トゥルンアイゼンの牧会学の弱点として、独断的で相手の話に聴かなくなることが指摘されていた。しかし、トゥルンアイゼン自身は、相手の話に聞かなければならないことは強調し、自らもそれを実践していたのである。必要なのは、理論家の理論の段階で、トゥルンアイゼンの主張のポイントを十分に理解しつつ、対話的に乗り越えていくことであると考えられた。トゥルンアイゼンと同じ土俵に立って対話をすることが重要なのである。

さて、本書では、理論と実践の相克を止揚できたのだろうか。今回は、トゥルンアイゼンと同じ立場から、批判的に乗り越えようと試みた、ヘルムート・タケの取り組みを道しるべとし、著者自身は、タケを乗り越えようと試みた。タケは、関係の言葉として聖書を位置づけ、牧会者も対等な対話の参与者として位置づけることによって、また、対話におけるクライエント中心の理論を強調することによって、トゥルンアイゼンの弱さを乗り越えた。しかし、タケが牧会を定義づけるときに用いる「神の名の保護領域」の概念が、牧会者にとっての意味に終始していたことに、不十分さが残った。本書は、この点に注目し、対話のプロセスを支える牧会の基礎づけを試みた点でも意義深いといえるだろう。

牧会は、イエス・キリストによって実現した神の救いの行為の中に、対話の相手も、牧会的対話のプロセスも、そして牧会者の存在も、すべてを包み込み、巻き込み、方向性を与える、神のたとえ話としての意味をもつ。その人から自然に語られる物語の中に、神の救いの物語が迫って来るように聴くこととも言える。具体的には、来談者が支配され、縛られている物語—それは、その人自身を問題とし、傷つける、聖書の中の物語を含む—物語を聴き、聖書全体を貫く「神の救いの物語」によって新たに見ることを通して、解放と自由が与えられる。「神の救いの物語」は、「神の名の物語」であり、「イエス・キリストの物語」であり、「神の愛のたとえ話」である。牧会のプロセス全体に響いている「執拗低音（バッソ・オスティナート）[1]」とも言えるだろう。対話において語られる言葉に傾聴し、複雑に絡み合った人間の現実の中に神の働きを見つけるプロセスにおいて、カウンセリングや人間理解へのアプローチを排他的に扱うことはない。むしろそれらを学ぶことは有益である。しかし、「神の救いの物語」は、対話のプロセスの低音部で、繰り返し響いている。時にそれは、執拗に繰り返される、不快な音でもあるだろう。しかし、そこにこそ、神の救いの物語がその人を圧倒する逆転の物語が存在するのである。神の愛のたとえ話として関わり続ける関係性に、牧会の独自性があり、そこにこそ牧会の喜びがある。

(2) 共同体における物語の共有

本書は、対話ということに注目するために、牧会における共同体性については触れなかった。しかし、牧会において、このことは重要である。教会は、神の救いの物語を共有する共同体である。個人において、また対話において、自身の神話が覆され、神の救いの物語を自己の物語の中に発見した驚きや喜びは、共同体の中において共有されうる。そのことによって、共同体は、証しする共同体となるのである。

具体的な例として、礼拝における説教の後で、その日の説教をどのように聴き、何が心に響いたかを互いに共有する取り組みは、物語の共有の実践として有効な役割をもつだろう。また、聖書の物語を知らない、教会の外にいる人との対話が、教会共同体の物語とどのような点で結びつき、どこに接点を見出すことができるかということについて、さらなる追求が必要となる。

さらに、教会という共同体自身がもっている物語、歴史において語られ続けてきた物語についても、そこにおける神話的な要素が、どのように覆され、共同体全体が神の救いの物語を発見する喜びをどのように新しく味わうことができるかということも、課題として挙げられる。

（3）用語の問題

牧会学の分野において、理論と実践にかかわる用語は多様なものが存在している。「牧会」「牧会神学」「魂の配慮」「牧会カウンセリング」「牧会ケア」「スピリチュアルケア」などである。それらの概念が、理論と実践において混在して用いられているのが現状と言えるだろう。本書では、牧会とは何かという議論にかかわるものとして、それぞれの概念をそのまま用いてきたが、本来、牧会とは何かという牧会の理論について考察する際には、著者は、「牧会学」あるいは「牧会神学」という用語のもとで考察をすすめるのがよいと考える。「牧会カウンセリング」という用語が既に広範囲で用いられているが、「カウンセリング」は、資格をもった専門のカウンセラーが行う行為であり、専門的な知識と訓練が前提とされる。牧会者も、複雑な人間の抱える問題状況と関わることがあるために、カウンセリングの知識や方法論から積極的に学ぶ必要があると考える。しかしそれは、牧会者の働きに必要な範囲内でよいと考える。

ビブリカル・カウンセリングのヒース・ランバートは、自身の著書の中で「カウンセリング」について次のように定義する。「カウンセリングは、疑問、問題、困難をもっているある当事者が、答え、解決、助けをもっているとその人が信じるだれかの助けを求めている場所で生じる会話である。」[2]すなわち、どこでも、誰によっても生じうる会話として、カウンセリングを定義している。英語圏における「カウンセリング」という用語のもつ意味と、日本に導入された「カウンセリング」という用語のもつ専門的な意味とのズレもあるのだろう。少なくとも日本においては、カウンセリングルームで行われる専門的行為としての「カウンセリング」と同じ用語を用いることには、慎重である必要があるのではないか。

様々な問題や困難を抱える人と対話をする牧師にとって、また様々な人を受け入れる教会において牧会的対話を行う信徒にとって、臨床心理学の様々な知見に学び続けることは重要である。それと同時に「牧会とは何か」を問い続けながら、臨床心理学や精神医学の専門家と連携し、信頼関係を築いた上でそれぞれの役割を担っていくことが、これからの課題といえるだろう。そのためにも、「牧会とは何か」についての牧会神学的議論が、今後さらに活発になされることが期待される。

注

1 丸山真男は、日本文化の古層にある連続性を表現するのに、「執拗低音（バッソ・オスティナート）」という音楽用語を用いている。これは、低音部に一定の旋律をもって繰り返される音である。一定の旋律をもつということは、言葉をもつということをも意味する。これによって牧会的対話を見るならば、主旋律には、対話における様々な人間の声が響いている。

説教とは異なり、牧会的対話においては、人間の声が自由に歌を奏でるのである。その低音部には、執拗に繰り返される「神の救いの物語」が響き、通常は隠れているが、時に主旋律と混ざり合って響く。この執拗低音の響きを発見するようにして牧会的対話が行われるのである。丸山真男「原型・古層・執拗低音―日本思想史方法論についての私の歩み―」加藤周一・木下順二・丸山真男・武田清子『日本文化のかくれた形』岩波書店、二〇〇四年、八七―一五一頁参照。

2 Lambert, A Theology of Biblical Counseling, op. cit., p.13.

参考文献

※欧文文献はアルファベット順、日本語文献は五十音順、その他資料は、カテゴリー毎に発行年の古いものから並べた。

Adams, Jay E., Competent to Counsel, Baker book house, 1970.

Asmussen, Hans, Die Seelsorge :Ein praktisches Handbuch über Seelsorge und Seelenfühlung, Kaiser Verlag, München, 1934.

Boisen, Anton T., The Exploration of the Inner World : A Study of Mental Disorder and Religions Experience, Willett, Clark & Company,1936,p.185.

Bohren, Rudolf, Prophetie und Seelsorge Eduard Thurneysen, Neukirchener Verlag,1982.

Bonhoeffer, Dietrich ,Seelsorge, Halbsjahrs-Seminar-Vorlesung zwischen 1935 und 1939, in Gesammelte Schriften Bd. V, Hrsg. von E Bethge, 1972, S.363－414.

Browning, Don S., Religious Ethics and Pastoral Care, Don S. Browning ed., Theology and Pastoral Care, Fortress Press, 1983.

Bukowski, Peter, Die Bibel-ins Gespräch bringen, Neukirchener, 2009.

Bukowski, Peter, Seelsorge und die Bibel, in Desmond Bell/ Gptthard Fermor (Hg.) „Seelsorge heute-Aktuelle Perspektiven aus Theorie und Praxis",Neukirchner,2009.

Crossan, John Dominic, In Parables : The Change of the Historical Jesus, New York: Harper & Rpw,1973,p.35˙

Frei, Hans, Theology and Narrative: Selected Essays, edited by George Hunsinger and William C. Placher, New York and Oxford University Press,1993,

Gerkin, C. V., The Living Human Document- Revisioning Pastoral Counseling in a Hermeneutical Mode, Abingdon Press, 1 984.

Hiltner, Seward, Pastoral Counseling, Abingdon Press, 1949.

Hiltner, Seward, Preface to pastoral theology, Curtis Brown Ltd., 1958.

Hiltner, Seward, Religion and Health, The Macmillan Company, 1943.

Hiltner, Seward, Wise, Carroll A., etc., "Credentials" for Pastoral Counseling? Pastoral Psychology, vol.11 (10) , 1961.

Holifield, E. Brooks, A HISTORY OF PASTORAY CARE IN AMERICA from Salvation to Self-Realization, Abingdon Press, 1983.

Johnson, Paul E., Psychology and Pastoral Care, Nashville: Abingdon Press, 1953.

King, Stephen D. W., Trust the Process, A History of Clinical Pastoral Education as Theological Education, University Press of America, 2007.

Klessmann, Michael, Seelsorge –Begleitung, Begegnung, Lebensdeutung im Horizont des christlichen Glaubens, Neukirchener,2008.

Kurz, Wolfram, Der Bruch im seelsorgerlichen Gespräch：Zum Sinn einer verfemten poimenischen Kategorie, Pastoraltheologie,74（10）,1985.

Lambert, Heath, A THEOLOGY OF BIBLICAL COUNSELING -The Doctrinal Foundations of Counseling Ministry, Zondervan, 2016.

Landau, Rudolf, „Bruchlinien“ —Beobachtungen zum Aufbruch einer Theologie：Erinnerungen an die Theologie Eduard Thurneysens, Evangelische Theologie, 45, 1985.

Lapsley, James N. Jr., Pastoral Counseling Centers: Mid-Century Phenomenon, Pastoral Psychology, vol. 13（10）, 1963.

Loughlin, Gerard, Telling God's story Bible, Church and narrative theology, Cambridge University Press,1996.

Maguire, Max, The Association for Clinical Pastoral Education, The Journal of Pastoral Care, 1988, Vol.42（3）.

McClure, B.J., Moving beyond individualism in pastoral care and counseling: Reflections on theory, theology, and practice. Eugene, OR: Cascade Books, 2010.

Möller,C. ed., Geschichte der Seelsorge in Einzelporträts.C.3., Vandenhoeck & Ruprecht, 1996Oates, Wayne E.,The Christian Pastor, The Westminster Press, 1964.

Patton, J., Pastoral Care in context: An introduction to pastoral care, Westminster /John Knox Press, 1993.

Ramsay, Nancy J., A Time of Ferment and Redefinition, Nancy J. Ramsay ed.,Pastoral Care and Counseling Redefining the Paradigms, Abingdon Press Nashville, 2004.

Rogers-Vaughn, Bruce., Best Practices in Pastoral Counseling: Is Theology Necessary, 〈http:// ㅅㅅㅍ Csoutheast. org wordpress /wp-content / uploads / 2012/09 / Best-Practices-in-Pastoral-Counseling -Is-Theology-Necessary.pdf〉 2014.4.17. Bruce Rogers-Vaughn.

Scharfenberg, Joachim, Seelsorge als Gespräch, Vandenhoeck & Ruprecht, 1972.

Scherzer, Carl J., The Emmanuel Movement —A Pioneering Attempt to Treat Personality, Pastoral Psychology, 1951, vol.2 (1) .

Tacke, Helmut, Glaubenshilfe als Lebenshilfe — Probleme und Chancen heutiger Seelsorge, Neukirchener, 1975.

Tacke, Helmut, Mit den Müden zur rechten Zeit zu reden — Beiträge zu einer bibelorientierten Seelsorge, Neukirchener, 1989.

Thurneysen, Eduard, A Theology of Pastoral Care, tr. by Jack Worthington and Thomas Wirser, John Knox Press,1962.

Thurneysen, Eduard, Die Lehre von der Seelsorge, Kaiser Verlag: München, 1948.

Thurneysen, Eduard, Rechitfertigung und Seelsorge,Zwischen den Zeiten 6 (1928) ,in Hrsg.:Friedrich Wintzer, Seelsorge:Texte zum gewandelten Verständnis und zur Praxis, Chr.Kaiser Verlag,1978.

Thurneysen, Eduard, Schrift und Offenbarung,Zwischen den Zeiten, 2. Jg. 1924, Heft 6, in Hersg.Jürgen Moltman,Anfänge der dialektischen Theologie Teil Ⅱ ,Kaiser Verlag,1963.

Thurneysen, Eduard, 21.April 1935 Note17, In Barth-Thurneysen Briefwechsel 1930-1935.
Tidball, Derek J., Use and Abuse of the Bible in Pastoral Practice : An Evangelical Perspective, ERT（2008）32:3
Tillich, Paul, SYSTEMATIC THEOLOGY — Three volumes in one, The University of Chicago press,1967）
Vanden Bos, Gary R., editor-in-chief, APA dictionary of psychology, Second Edition, American Psychological Association, 2007.
Van Til, C., An Introduction to Systematic Theology,Philipsberg,1955.
Van Wagner, Charles A., THE AAPC : THE BEGINNING YEARS 1963-1965, The Journal of Pastoral Care, Vol.37（3）,1983.
Weniger, Erich, Theorie und Praxis in der Erziehung, in Erich Weniger Ausgewählte Schriften zur geisteswissenschaftlichen Pädagogik, Beltz Monographien,1975.
Wimberly, Edward P., Using scripture in pastoral counseling, Abingdon press,1994.
Wise, Carroll A., Pastoral Counseling — Its Theory and Practice, Harper & Brothers, 1951.
Wise, Carroll A., The Meaning of Pastoral Care, Meyer-Stone Books, 1966.
Ziemer, Jürgen, Seelsorgelehre: Eine Einführung für Studium und Praxis, Vandenhoeck & Ruprecht, 2000.

ジェイ・E・アダムズ『カウンセリングの新しいアプローチ』柿谷正期・窪寺俊之訳・柿谷正期監修、いのちのことば社、一九七八年。

ハーレーン・アンダーソン&ハロルド・グーリシャン『協働するナラティヴ―グーリシャンとアンダーソンによる論文「言

語システムとしてのヒューマンシステム」』野村直樹著訳、遠見書房、二〇一三年。

ハーレーン・アンダーソン&ハロルド・グーリシャン「クライエントこそ専門家である―セラピーにおける無知のアプローチ」

S・マクナミー、K・J・ガーゲン編『ナラティヴ・セラピー―社会構成主義の実践』野口裕二、野村直樹訳、金剛出版、
一九九七年。

家山華子「戦前日本のプロテスタント教会における牧会概念の変遷」、『キリスト教文化』(7)、七八―九五頁、二〇一六年。

石井裕二「日本におけるプロテスタント実践神学の最近の総括と展望」『日本の神学』(一〇)、日本基督教学会、一九七一。

石井裕二「牧会論的視点の成立根拠について」『基督教研究』四一(二)、同志社大学基督教研究会、一九七八年。

氏原、亀口、成田、東山、山中編『心理臨床大事典』、培風館、一九九二。

宇田進『総説現代福音主義神学』、いのちのことば社、二〇〇二年。

オーツ『現代牧師像―牧会心理学序説』近藤裕訳、ヨルダン社、一九六八年。

ガーキン『牧会学入門』越川弘英訳、日本キリスト教団出版局、二〇一二年。

カーシェンバウ・H&ヘンダーソン・V・L編『ロジャーズ選集(上)』伊東博、村山正治監訳、誠信書房、二〇〇一年。

加藤常昭「教会の実践の学としての実践神学―聖霊論的視点から」、『神学』(四〇)、東京神学大学神学会、一九七八年。

加藤常昭「実践神学のパースペクティブ」一『神学』(三二)、東京神学大学神学会、一九六九年。

加藤常昭「実践神学のパースペクティブにおけるキリスト論」『神学』(三五・三六合併号)、東京神学大学神学会、一九七五年。

加藤常昭「実践神学のパースペクティブにおける聖霊論」『日本の神学』(二四)、一九八五。

加藤常昭「『見る』ということ―実践神学のパースペクティブにおける信仰告白」『神学』(四四)、一九八二年。

参考文献

加藤常昭他『福音主義神学における牧会』、いのちのことば社、二〇〇三年。

越川弘英・松本敏之監修『牧師とは何か』、日本キリスト教団出版局、二〇一三年。

カブJr. J・B『神学と牧会カウンセリング』芝野雅亜規訳、日本キリスト教団出版局、二〇〇五年。

ジャン・カルヴァン『キリスト教綱要（改定版）』第三篇、渡辺信夫訳、新教出版社、二〇〇八年。

木田献一・高橋敬基『聖書解釈の歴史―宗教改革から現代まで』、日本基督教団出版局、一九九九年。

菅円吉「実践神学」『日本の神学』（一）、日本基督教学会、一九六二年。

クーピッシュ『現代キリスト教の源泉二：カール・バルト』宮田光雄、村松恵二訳、新教出版社、一九九四年。

木幡藤子『旧約聖書入門3 現代に語りかける出エジプトと契約』、新教出版社、二〇一九年。

木幡藤子「出エジプト記」『新共同訳旧約聖書注解Ⅰ創世記―エステル記』、日本基督教団出版局、一九九六年。

木幡藤子・山我哲雄訳『旧約聖書Ⅱ出エジプト記レビ記』、岩波書店、二〇〇〇年。

窪寺俊之『スピリチュアルケア学序説』、三輪書店、二〇〇四年。

窪寺俊之「宣教とカウンセリング」『講座現代キリスト教カウンセリング第一巻：キリスト教カウンセリングとは何か』、日本基督教団出版局、二〇〇一年。

窪寺俊之「臨床牧会教育の歴史―アメリカでの初期の状況」窪寺俊之・伊藤高章・谷山洋三編著『スピリチュアルケアを語る―第三集：臨床的教育法の試み』、関西学院大学出版会、二〇一〇年。

クラインベル『牧会カウンセリングの基礎理論と実際』佐藤陽二訳、聖文舎、一九八〇年。

越川弘英編著『牧会ってなんだ？―現場からの提言』、キリスト新聞社、二〇〇八年。

近藤勝彦「東神大紛争と文化の神学―紛争中に考えたことども」『福音と世界』、一九七〇年六月号。

才藤千津子「パストラルケア、スピリチュアルケアへのインターカルチュアル・アプローチ」、『比較文化研究』No.210、二〇一六年。

才藤千津子「米国における臨床牧会訓練―その現状と課題」『新島学園短期大学紀要』第二八号、二〇〇八年。

シュライエルマッハー『神学通論』加藤常昭訳、教文館、一九六二年。

ポール・ジョンソン「神学教育の新方向」三永恭平訳、『神学』（二七）、東京神学大学神学会、一九六五年。

ジョンソン『人間理解への道：リスポンシブ・カウンセリングの実際』武田建訳、日本ＹＭＣＡ同盟出版部、一九六八年。

Ｃ・タウラー&Ｃ・メラー「ヘルムート・タケ」、Ｃ・メラー著・加藤常昭訳『魂の配慮の歴史一二　第二次世界大戦後の牧会者たち』、日本キリスト教団出版局、二〇〇四年
高砂美樹「一九世紀の心理学」サトウタツヤ・高砂美樹著『流れを読む心理学史―世界と日本の心理学』、有斐閣アルマ、二〇〇三年。

鄭正淑『キリスト教カウンセリング―理論と実際』趙善江訳、いのちのことば社、二〇〇四年。

ツィンマリ『旧約聖書神学要綱』樋口進訳、日本基督教団出版局、二〇〇〇年。

ティリッヒ『組織神学Ｉ』谷口美智雄訳、新教出版社、一九九〇年。

トゥルナイゼン『牧会学―慰めの対話』加藤常昭訳、日本基督教団出版局、一九六一年。

西垣二一『牧会カウンセリングをめぐる諸問題』、キリスト新聞社、二〇〇〇年。

野口裕二『物語としてのケア―ナラティヴ・アプローチの世界へ』、医学書院、二〇〇二年。

参考文献

カール・バルト「神の人間性」、『カール・バルト戦後神学論集』、新教出版社、一九八九年。

樋口和彦「宗教心理学と神学との関連について」『基督教研究』三二（二）、同志社大学基督教研究会、一九六一年。

樋口和彦「Pastoral Clinical Training Education について」『基督教研究』三三（三）、同志社大学基督教研究会、一九六四年。

平賀徳造「『牧会とその基礎付け』の問題―エヅーアルト・ツールナイゼンの新著―"Die Lehre von der Seelsorge"に就て」、『神学』（三）、東京神学大学神学会。

ヒルトナー『牧会カウンセリング―キリスト教カウンセリングの原理と実際』西垣二一訳、日本基督教団出版局、一九六九年。

ヒルトナー『牧会の神学―ミニストリーとシェパーディングの理論』西垣二一訳、聖文舎、一九七五年。

藤井孝夫「牧会学の領域について」『神学研究』（一三）、関西学院大学神学研究会、一九六四年。

藤井孝夫「福音主義神学における牧会学の成立と展望」『神学研究』（一五）、関西学院大学神学研究会、一九六六年。

フロム『自由からの逃走』日高六郎訳、東京創元社、一九五一年。

ボーレン『神が美しくなられるために―神学的美学としての実践神学』加藤常昭訳、教文館、二〇一五年。

ボーレン『聖霊論的思考と実践』加藤常昭・村上伸訳、日本基督教団出版局、一九八〇年。

ボーレン『預言者・牧会者エードゥアルト・トゥルンアイゼン（下）』加藤常昭訳、教文館、二〇〇三年。

ボンヘッファー『説教と牧会』・森野善右衛門訳、新教セミナーブック三三、新教出版社、一九七五年。

シェリル・ホワイト&デイヴィッド・デンボロウ編『ナラティヴ・セラピーの実践』小森康永監訳、金剛出版、二〇〇〇年。

牧田吉和監修・加藤常昭・河野勇一・堀肇・宮村武夫・窪寺俊之共著『福音主義神学における牧会』、いのちのことば社、二〇〇三年。

マクグラス『キリスト教神学入門』神代真砂実訳、教文館、二〇〇二年。

三永恭平「牧会心理学」『日本の神学』（二）、日本基督教学会、一九六三年。

三永恭平・斎藤友紀雄・平山正実・深田未来生監修『講座現代キリスト教カウンセリング第一巻　キリスト教カウンセリングとは何か』日本基督教団出版局、二〇〇二年。

三永恭平ほか監修『講座現代キリスト教カウンセリング』、第二、三巻、日本基督教団出版局、二〇〇二年。

宮野安治「ヴェーニガー教育学の世界（I）―教育における理論と実践」、『教育学論集』第二七号、一九九九年。

森本あんり『アメリカ・キリスト教史：理念によって建てられた国の軌跡』、新教出版社、二〇〇六年。

山﨑高哉「理論と実践との融合をめざす教員養成―大阪総合保育大学の挑戦を中心に―」『大阪総合保育大学紀要』第八号、二〇一三年。

横溝亮一「クライエント中心療法」、佐治守夫・飯長喜一郎編『新版　ロジャーズ　クライエント中心療法：カウンセリングの核心を学ぶ』、有斐閣。

ランダウ『光の降誕祭：二〇世紀クリスマス名説教集』加藤常昭訳、教文館、一九九五年。

その他資料

GREEK-ENGLISH LEXICON founded upon the seventh edition of Liddell and Scott's, Oxford University Press,1889（1975）.
Hunter, Rodney J.ed., Dictionary of Pastoral Counseling, Abingdon Press, 1990.

Lexikon für Theologie und Kirche, Erster Band, A bis Barcelona, Herder, 1993.
『一九六一（昭和三六）年度同志社大学神学部履修要項』
『一九六七（昭和四二）年度神学部履修要項』同志社大学。
『同志社百年史：資料編1』、同志社大学、1979年。
『同志社百年史：資料編2』、同志社大学、1979年。
『昭和三〇年度学科履修要項』東京神学大学
『一九六四（昭和三九）年度大学院修士課程履修表』東京神学大学
『メソヂスト教会教義及条例』（大正八年／一九一九年制定）
『昭和二七年度関西学院大学要綱』、関西学院大学、一九五二年。
『昭和三二年度関西学院大学要綱』、関西学院大学、一九五七年。
『昭和四一年度関西学院大学要綱』（一九六六年）
『昭和四二年度関西学院大学要綱』（一九六七年）

あとがき

本書は、二〇二〇年二月に関西学院大学大学院神学研究科に博士学位論文として受理された論文を加筆修正したものです。

「牧会とは何か」。キリスト教カウンセリングに関心をもち初めてから、私はこの問いに向き合い続けてきました。本書の始めにも書きましたが、キリスト教カウンセリングの講座を受けた時に抱いた違和感が、この問いに取り組む動機につながっていたと思います。その時に浮かんだのは、牧会とは方法論の問題なのか？という疑問です。もちろん、カウンセリングの技術を学ぶことは重要です。人間が抱える様々な問題をどのように考えたらいいのか、また複雑な人間の心にアプローチするにはどうすればよいのか、心理学やカウンセリングの分野で研究されている方法論を学ぶことで、そのような問いを考える上で有益な情報を得ることが可能です。しかし、「牧会とは何か」という問いの前に立たされた時、それらの方法論を支える、土台になる部分が必要なのではないだろうかという思いがありました。その思いが、神学を学ぶ上での動機づけになってきました。振り返れば、わたしがやりたかったことは、「牧会を神学する」ということだったと思います。神戸改革派神学校の卒業論文では『牧会と心理学』をテーマに論文を書きました。その後、関西学院大学大学院神学研究科に入学しました。そこで、神学には様々な立場があることを知りました。学びの過程で、神学的な課題について対話をすることの難しさにぶつかりました。自分が正しいという立ち位置で、他の立場を上から見てしまう自身の傾向に気づかされました。修士論文・博士論文の研究を進めながら、徐々にそのような自分を相対的に見るように変えられていくのを感じ、苦しみながらも、学びの喜びを覚えながら研究を進めることができたように思います。

本書において論じられていることは、牧会学の歴史における議論の積み重ねの上に立っています。明治期にキリスト教が伝えられた初期の頃の文献を見ると、日本の国で牧会をすることのできる日本人の牧師を育てなければという宣教師たちの思いが伝わってきます。ですから、牧会学の内容は、「牧師は何をするのか」に終始していたのも無理はありません。戦後、神学教育が再開してからも、聖書学、歴史神学、組織神学に比べて、実践神学そのものが、他の学問の御用学問としての位置づけにあり、牧会学も、学問的な位置づけをなかなか定めることができなかったことは、本書の二章を見ても明らかです。その後、トゥルンアイゼンやヒルトナーなど、ドイツやアメリカの牧会学・牧会カウンセリングが紹介されたことで、牧会学の学問としての方向性が示されました。しかし、理論と実践の対立が、少なくとも牧会学の分野における対話にマイナスの影響を与えていたことは、悲しいことだと思います。今、これまでの牧会学の歴史の延長線上に立ちつつ、理論と実践の対立とは異なる第三の視点で「牧会とは何か」という問いに新たに向き合うことが一つの課題であると考えます。過去の課題の中に、現代の課題の要素が含まれているということは、牧会の歴史を学んで得た実感です。その意味で、これまでの議論から学びつつ、現代の課題について考えることの繰り返しが必要です。その上で、今の時代において神学的考察を積み上げていくためには、誰か権威をもった神学者の言葉に追従するのではなく、それぞれの現場の問いから神学する方向性が必要であると考えます。そして、そのような新たな考察によって、既存の神学的枠組みに問いを投げかけていくことが、これからの牧会学の方向性として必要なことだと考えるのです。ナラティヴ・アプローチが、一つの方向性を与えてくれるのではないかという仮説をもって、本論文に取り組みました。本書は議論のきっかけに過ぎません。日本の牧会学の議論が、今後さらに活発になされることを願うばかりです。本書がその一助となるのであれば幸いです。

今日、戦争や災害によって、悲しみや傷を抱えて生きている人々が多くおられます。また、人生百年という時代になり、老いをどのように生きるかという課題があります。いじめや虐待などで傷ついている子どもたちに、牧会の実践がどのようにアプローチしていけるのかという課題もあります。格差が広がる社会の中で、様々な困難を抱えて生きる人々に、教会は、牧会者は、いったい何ができるのかという問いもあります。日々葛藤を抱え、壁にぶつかりながら実践を行なっている牧会者が、また教会につながっているお一人お一人が、それぞれの現場で牧会実践を神学するということが積み重ねられていく必要があると考えています。そのことが、これからの日本の牧会学を形づくっていくのではないでしょうか。著者自身も、牧会の現場においてお一人お一人に向き合い、様々な人と対話しながら、これからも「牧会とは何か」という問いを積み重ねて行きたいと願っています。

終わりに、本書を出版するに当たり、支えて頂いた多くの方々への感謝を述べさせて頂きます。この研究を形にするために、長い時間伴走してくださった指導教官の中道基夫教授には、多岐に渡って忍耐強く熱心なご指導を頂きました。また、後期課程初年度、正式なゼミ生として受け入れて下さった神田健次名誉教授には、その後も幅広い視野からご指導を頂きました。論文副査の西南学院大学の才藤千津子教授には、牧会カウンセリング研究者の立場から、論文を丁寧にお読み頂き、研究を進める上での有益なご助言を頂きました。同じく論文副査の浅野淳博教授には、論文としての精度を上げるために、新たな課題となるご助言を頂きました。心より感謝申し上げます。

また、元関西学院大学准教授の故榎本てる子先生には、お会いする度に、いつも刺激的な問いを頂き、そのことが研究に取り組む上での私自身の動機づけとなっていました。また、大学院入学以前から授業を聴講させて頂いた、元関西学院大学神学部教授の窪寺俊之先生は、生意気で頭でっかちな私を温かく受け入れて下さり、忍耐強く対話をしてくださいました。それぞれの先生方に、心からの感謝を申し上げます。そして、遠くからいつもその存在と祈りをもって支えて続けていてくださる両親に、心から感謝いたします。他にも、ここには書ききれない多くの方々に、多方面から支えて頂きましたことを、心より感謝申し上げます。

ここで、表紙の絵についても、少し触れさせて頂きます。この絵は、思春期の頃に叔母から頂いて、妹と私の部屋にかけてあった絵です。ろうけつ染による作品で、やわらかい雰囲気に包まれた復活のイエス・キリストと少女の絵です。きょうだい二人ともこの絵が大好きでした。この絵をどうしても表紙に使わせて頂きたく、作者の石井小百合さんにお願いしたところ、ご快諾くださいました。心から感謝申し上げます。この絵を本の表紙に使うことに賛同してくれた妹にも感謝します。

そして、最後になりましたが、本書の編集・出版を引き受けてくださり、出版まで粘り強く導いてくださった、かんよう出版の松山献さんに心よりの感謝を申し上げます。本当にありがとうございました。

主の平和を祈りつつ

二〇二四年八月　　　　　　　　　　　家山　華子

索引

〈人名〉

［著者紹介］
家山 華子（いえやま はなこ）
埼玉県に生れる。聖心女子大学大学院文学研究科（人間科学専攻）博士前期課程修了。9年間発達相談の働きに携わる。神戸改革派神学校卒業。関西学院大学大学院神学研究科博士課程前期課程および後期課程修了、博士（神学）。現在、日本基督教団箕面教会主任担任教師。関西学院大学神学部非常勤講師。東洋英和女学院大学非常勤講師。著書に、『関西学院大学神学部ブックレット 12 聖書と現代』（共著、キリスト新聞社、2020 年）、『（新版・教会暦による説教集）ペンテコステからの旅路—聖霊降臨日から教会行事歴へ』（共著、キリスト新聞社、2021 年）他。

牧会の理論と実践における聖書の役割
— ヘルムート・タケとの対話を通して

2024 年 11 月 1 日　初版第 1 刷発行

著　者　家山華子
発 行 者　松山　献
発 行 所　合同会社かんよう出版
〒 530-0012 大阪市北区芝田 2-8-11 共栄ビル 3 階
電話 06-6567-9539　FAX 06-7632-3039
http://kanyoushuppan.com　info@kanyoushuppan.com
装　幀　堀木一男
印刷・製本　亜細亜印刷株式会社

ISBN978-4-910004-56-3　C0016